우리말로 깨닫다

| 조현용 |

우리말로 깨닫다

2009년 3월 3일 초판 1쇄

지은이 | 조현용
발행인 | 박영호
편집책임 | 박우진
편집팀 | 김영주, 김정아, 최미라
관리팀 | 임선희, 김성언
기획 영업팀 | 박민우

펴낸곳 | 도서출판 하우
등록번호 | 제2008-13호
물류센터 | 서울시 중랑구 망우동 364-18 1층
전화 | 02-922-7090
팩스 | 02-922-7092

값 12,000원
ISBN 978-89-7699-593-3

이 책은 저작권법에 따라 보호받는 저작물이므로 무단전제와 무단복재를 금지하며, 이 책 내용의 전부 또는 일부를 이용하려면 반드시 저작권자와 도서출판 하우의 서면동의를 받아야 합니다.

· 잘못된 책은 바꾸어 드립니다.

우리말로 깨닫다

| 조현용 |

도서
출판 夏雨

| 차 례 |

제1부 사람을 만나다

짜증	12	질투	52
미운 일곱 살	14	배웅	54
장수	16	삼촌	56
장님과 소경	18	이웃사촌	58
마흔	20	예쁘다	60
흔들리다	22	불초	62
체념	24	신혼	64
건강	26	태몽과 태교	66
나이를 먹다	28	어울리다	68
오십견	30	어리다, 어리석다	70
고행	32	한심하다	72
귀찮다	34	애처롭다	74
스승의 날	36	효	76
스트레스	39	나쁘다	78
아내	43	점잖다	80
싫다	46	앙갚음	82
바보	48	푸대접	84
소일	50	보답	86

궁금증	88	칠거지악	97
객관적	90	가시버시	100
할아버지	92	마중	102
대들다	95		

제2부 세상을 만나다

세금	106	약이 듣다	138
독선	108	공	140
리더십	110	졸고	142
의원	112	고아원	144
잘	114	만물의 영장	146
학문	117	잡초	148
한민족	120	자원	150
혼혈인	122	애완동물	153
지방	125	배우다	155
광고	128	자기소개	157
의사	131	선진 문화	161
차선	133	우물 안 개구리	163
재능	136	덕담	165

동정	168	침을 맞다	183
일삼다	170	38	186
한낱	172	종교	188
대통령	174	듣다	191
취미	177	죄스럽다	193
물 쓰듯 하다	179	약속	196
베풀다	181	수우미양가	198

제3부 문화로 만나다

구수하다	202	누워서 떡 먹기	219
시원하다	204	새끼손가락	222
고전	206	김해	224
뒤지다	209	칠성님	226
추석	211	숟가락	229
몽골	214	액땜	233
국물도 없다	216	온돌	236

제4부 언어를 만나다

한글 · · · · · · · · · · 240
고추, 배추, 상추 · · · · · 247
말이 많다 · · · · · · · 249
수화 · · · · · · · · · · 251
성과 씨 · · · · · · · · 253
새롭다 · · · · · · · · 256
의태어 · · · · · · · · 258
비유 · · · · · · · · · · 260
마렵다 · · · · · · · · 262
의성어 · · · · · · · · 265

속담 · · · · · · · · · · 267
입찬소리 · · · · · · · 270
모순 · · · · · · · · · · 272
숫자 · · · · · · · · · · 275
반디 · · · · · · · · · · 277
점심 · · · · · · · · · · 279
보슬비와 부슬비 · · · · 281
오류 · · · · · · · · · · 283

찾아보기 287

| 책머리에 |

서정범 선생님께,

언어란 무엇입니까?
우리말이란 무엇입니까?
이 말의 어원은 무엇입니까?
사람들은 왜 그런 생각을 하게 되었을까요?
우리말을 공부하는 사람은 어떻게 살아야 할까요?

저는 항상 질문이 많습니다. 선생님께 드린 질문들은 고스란히 제게 기쁨으로 남아있습니다. 그리고 종종은 선생님께서 해 주신 이야기인지, 제가 생각했던 것인지 구별이 되지 않는 경우가 많습니다. 그만큼 제 생각 속에는 선생님께서 들어와 계십니다.

글을 쓸 때는 항상 선생님의 말씀들을 떠올립니다. 선생님이라면 어떻게 쓰셨을까? 선생님이라면 이 글을 보고 무어라 하실까? 글을 가볍게 쓰는 것은 아닌지, 연구에 치열함이 없는 것은 아닌지 항상 두렵습니다.

저는 사람들에게 선생님 이야기를 많이 합니다. 제가 선생님께 배운 것들, 들은 것들, 느낀 것들. 선생님과 나누었던 시간들을 이야기합니다. 저는 긴 세월 참으로 큰 행운을 누렸습니다.

다시 한 권의 책을 세상에 내놓습니다. 저는 제가 하는 어휘 공부를 통해서 세상이 아름다워지기를 꿈꿉니다. 저는 이 세상이 서로에게 따뜻하고, 꿈꿀 수 있어서 기쁜 곳이 되기를 희망합니다.

선생님께서 가르쳐 주신 가치들을 기억하며 살겠습니다.
고맙습니다. 선생님.

조현용 올림

| 제1부 |

사람을 만나다

짜증
자신을 쥐어짜는 병

짜증도 병입니다. 우울증이나 불면증처럼 짜증도 병이라는 생각이 듭니다. 짜증의 '증'도 증세를 나타내는 말이 아닐까 하는 생각을 해 본 적이 있습니다. 우울해지는 병이나 잠을 못 이루는 병처럼 짜증은 자신을 '쥐어짜는' 병이라는 생각이 듭니다. 어간에 '-증'이 결합하는 구성이 생소해 보이지만, 어떤 일을 오래해서 싫어하게 되는 증세가 '싫증'이므로 가능한 구성으로 보입니다. 어원적으로 맞는지에 대해서는 더 연구를 해 봐야 할 것 같습니다.

아무튼 강박관념처럼 완벽해지기를 원한다든지, 서둘러 일을 마쳐야 한다든지, 자신의 마음에 들게 다른 사람을 행동시킨다든지 하여 자신의 마음에 벽을 만들어 놓고 짜증을 내게 됩니다. 짜증을 내면 마음만 쥐어짜는 것이 아니라 얼굴도 쥐어짜는 것 같습니다. 자연스럽게 얼굴에도 오만상이 만들어지게 되는 것입니다. 인상을 쓰는 것을 달리 말하면 얼굴의 표피를 짜고 있는 것일 테니 말입니다.

짜증이라는 것이 병이라면 치유의 방법도 생각해 보아야 할 것 같습니다. 짜지 말고 펴는 일, 내 마음속에 다른 사람의 공간을 마련하는 일, 의도적으로 밝은 표정을 짓는 일은 모두 치유의 방법이 될 수 있을 것입니다. 일에서 짜증만큼 해로운 것이 없습니다. 이것은 비판과도 다르며, 무엇을 해결하려는 아름다운 도전도 보이지 않습니다. 자신을 쥐어짜서 병을 만들지 말아야 하겠습니다.

나도 모르는 새 인상을 쓰고 있지는 않은지, 주변 사람들에게 말을 툭툭 던지고 있지는 않은지 반성해 봅니다. '얼굴 좀 펴라'라는 말을 스스로에게 해 봅니다. 웃음이 나옵니다.

미운 일곱 살
부모의 사랑을 갈구하는 나이

나이를 나타내는 말 중에 '미운 일곱 살'이라는 표현이 있습니다. 아이의 못된 모습을 나타내는 말이지만 사실 '미운 일곱 살'은 부모가 책임져야 할 말입니다. 아이는 불만을 표현하는 것일 뿐입니다. 부모의 사랑이 부족한 것은 아닌지, 아이를 이해하기 위해 더 노력하지 않은 것은 아닌지, 아이들은 묻고 있는 것일지도 모릅니다.

요즘에는 미운 네 살, 죽이고 싶은 일곱 살이라는 흉측한 표현을 입에 담기도 합니다. 아이가 통제가 안 될 때, 그야말로 미운 짓만 골라서 할 때, 참 밉다는 생각이 들기도 할 겁니다. 분명 그럴 때도 있을 것입니다. 그런데 그 원인이 어디에 있는지 생각해 볼 일입니다.

동생이 생겨서 애정이 모자란 것은 아닌지, 은연중에 동생의 편만 들고 있는 것은 아닌지, 부모 스스로에게 물어야 할 때도 있을 것입니다.

부모가 스스로에게 물어야 할 것은 참으로 많습니다. 요즘 내가 너무 바쁜 것은 아닌지? 아이를 자꾸 어른 취급하고 있는 것은 아닌지? 기억도 안 나는 내 어린 시절과 비교하고 있는 것은 아닌지? 사정도 잘 모르는 남의 집 아이들과 비교하고 있는 것은 아닌지? 아이가 유치원에서는 무엇을 배우는지? 누구를 좋아하는지? 유치원 선생님 성함은 무엇인지?

아이들에게는 미운 일곱 살이 아니라 서러운 일곱 살일 수도 있습니다. 아이들에게 좋은 기억으로 일곱 살을 남겨 주었으면 합니다.

장수 長壽

아름답게 살기 위해 오래 사는 것

장수는 오래 산다는 뜻입니다. 그런데 우리는 왜 오래 살고 싶어 하는 것일까요? 장수에도 목적이 필요하다는 생각이 듭니다. 우리는 보통 장수하는 사람을 행복한 사람으로 취급하는 경향이 있습니다. 그래서 다른 이의 장수를 빌어주게 됩니다.

하지만 오래 산다는 것이 반드시 행복한 일만은 아닙니다. 그것은 나에게도, 남에게도 불행한 일이 될 수 있습니다. 가까운 사람들이 다 죽은 후에 나 홀로 살아남아 있다면 그것을 행복하다고 할 수 있을까요? 내가 살아 있음으로 불행해 하는 사람들이 있다면 장수가 축복받은 것이라 할 수 있을까요?

모하메드의 언행을 기록한 『하디스』에 보면 "좋은 일을 하는 자, 오래 삶으로써 좋은 일을 더욱 많이 할 수 있을 것이니 죽음을 원하지 말라."라는 말이 나옵니다.(정수일, 『이슬람문명』)

　이 말을 통해서 우리는 오래 살아야 하는 이유에 대한 해답을 얻을 수 있습니다. 장수는 해 보고 싶은 일을 다 해 보기 위해서 소망하는 것이 아닙니다. 하루를 더 살아, 세상에 더 해악을 끼친다면, 장수는 아름다운 것이 아닙니다. 범죄자도 오래 살아야 합니다. 그간에 끼친 해악을 생각한다면 더 많은 시간이 필요할 것입니다.

　오래 살아야겠습니다. 앞으로는 장수를 희망으로 삼아야겠습니다. 오래 살면서 그간 못했던 선행도 해야겠고, 그간의 해악도 씻어야겠습니다.

장님과 소경

부르기 어려운 이름

제가 어렸을 적에는 장애인이라는 말 대신에 '불구자不具者'라는 말을 썼습니다. 갖추지 못했다는 뜻으로 뭔가 모자란다는 의미로 들려서 듣는 입장에서는 매우 좋지 않았던 말이었습니다. 비정상인이라는 말도 장애인을 부르는 말 중에 하나였는데, 역시 좋게 들리는 말은 아니었습니다. 정상이 아니라는 말에는 차별이 있을 수밖에 없습니다.

요즘에는 장애인과 비장애인으로 사람을 구별하기도 합니다. 오히려 장애인을 중심에 놓는 관점이라 할 수 있을 것입니다. 그런데 말이라는 것이 자주 쓰다 보면, 가치가 변하게 마련이어서 장애인도 처음의 좋은 느낌이 안 나는 것 같습니다. 이제는 장애인이라는 말 대신에 '장애우障碍友'라는 말을 쓰기도 합니다. 조금 친근해 보이는 말입니다.

앞을 못 보는 이를 우리는 맹인, 소경, 장님이라고 합니다. 맹인은 별로 좋은 느낌의 단어는 아니지만, 소경이나 장님은 그리 나쁜 느낌은 아닙니다. 장님은 소경의 높임말입니다. 장님에는 '-님'이라는 접미사가 붙어서인지 낮춘다는 느낌이 적습니다. 소경에도 '경'이라는 말이 있어서인지 왠지 높여준다는 느낌도 있습니다. 귀머거리나 벙어리와는 사뭇 다른 느낌인 것 같습니다. 어찌 보면 되살려 써도 좋을 말일지도 모르겠습니다. 시각장애인보다는 오히려 나은 표현이 아닌가 싶습니다. 장애인을 높여 부르려는 태도가 우리말 속에는 담겨 있었을지도 모른다는 생각이 듭니다.

마흔
남을 위해 살기 시작하는 나이

      마흔이라는 나이에는 여러 가지로 특별한 의미를 부여하는 것 같습니다. 우선 이제 청년이라는 생각에서는 멀어지게 되는 나이가 아닌가 합니다. 중년이나 장년을 이야기하는 나이가 되어 버리는 것 같습니다. 나이 마흔을 흔히 불혹不惑이라고 합니다. 이 말의 의미가 마흔에는 유혹을 당하지 않는다는 것이 아니라, 유혹에 넘어가지 않아야 하는데 마흔이 되어서도 유혹에 넘어가니 부끄러워해야 하는 나이라는 말에 저절로 고개를 끄덕이게 됩니다.

      나이 마흔이 되면 얼굴에 책임을 지라는 말도 있습니다. 타고난 관상이야 어쩔 수 없겠지만, 사람을 온화하게 만들고 만나고 싶은 사람으로 만드는 것은 본인의 삶이 비추어 놓은 흔적일 것입니다. 나이 마흔이 되면서 사람들은 거울에 비추어지는 화려함보다는 내 모습에 담긴 깊이를 생각해야 할 겁니다.

      마흔까지는 자기 자신을 위해서 살고 마흔부터는

남을 위해서 살라는 말을 보고 마흔까지의 삶이 너무 이기적인 것은 아닌가 하는 생각을 한 적이 있습니다. 그런데 그 이야기를 하는 사람의 나이가 마흔인 것을 보고, 과거에 대한 이야기가 아니라 미래에 관한 생각이라는 것을 알게 되었습니다.

    이제 제 나이 마흔을 넘었습니다. 몸은 이미 중년에 들어선 지 오래고, 유혹에는 수도 없이 넘어가고 있습니다. 아직도 얼굴의 온화함보다는 화려함을 걱정하고 있는 듯합니다. 하지만 지난 삶들 속에서 부족했던 나의 모습을, 그 이기적인 태도를 조금씩 바꾸어갈 수 있게 나를 변화시키고 싶습니다.

흔들리다
뿌리를 생각하게 하는 말

창밖에 아직 새 잎이 돋지 않은 나무들이 이리저리 흔들리고 있습니다. 여린 잎들이 함께였다면 그리 처량해 보이지 않았을 것이라는 생각이 듭니다. 흔들리는 가지마다 바람이 지나는 흔적이 남고, 저만치 갔다가는 다시 돌아오는 모습을 보면서, 나를 흔드는 것과 나를 되돌리는 그 무엇에 대해서 생각해 봅니다. 아마 뿌리가 없다면 흔들림에서 의미를 발견하기는 어려울 것이라는 생각이 듭니다. 뿌리가 없다면 되돌아올 곳도 없을 것이라는 생각이 듭니다. 다시 나의 뿌리에 대해서 생각해 봅니다.

참 많은 일들이 나를 흔들고 있습니다. 때로는 명예가, 때로는 돈이 내겐 욕심이 됩니다. 그러고는 가족을 핑계대고, '이번만'을 핑계로 삼습니다. 핑계의 그늘 속에서 나를 돌아볼 겨를도 없는 것 같습니다. 바람이 세찰수록 뿌리의 굳건함이 도움이 되죠. '뿌리 깊은 나무는 바람에 아니 움직인다.'라는 『용비어천가』의 구절이 이 상황을 위한 것은 아니지만 내 뿌리를 생각하게 합니다. '내 뿌리는 무엇인가, 나를 되돌릴 수 있는 힘은 무엇인가, 언제까지 흔들리기만 할 것인가.'

체념 諦念

운명에 따르기로 마음을 먹는 것

체념은 곤경 따위에서 벗어날 길이 없어 운명에 따르기로 딱 잘라 마음을 먹는다는 의미의 단어입니다. 이와 비슷한 단어인 '포기'는 하던 일을 중간에서 그만두는 것을 의미합니다. 체념과 포기는 어떤 차이가 있을까요? 제가 이 두 단어에 관심을 가지게 된 것은 치과대학에서 스트레스를 연구하시는 홍정표 교수님과의 만남 이후부터입니다. 그 교수님은 포기는 좋지 않은데, 체념은 좋은 것이 아닌가 라는 질문을 하셨고 나는 명확히 답변을 할 수 없었습니다. 체념도 나쁜 의미로 다가왔기 때문입니다.

그 후 곰곰이 생각해 보니 포기에는 아쉬움과 분노가 담겨 있을 수 있다는 생각이 들었습니다. 조금 더 해 볼 걸, 누가 도와주었다면 됐을 텐데 하는 아쉬움이 끊임없이 생길 수 있을 것입니다. 그래서 사람들은 포기하지 못하는 것입니다. 아니 두고두고 아쉬워할 거라면 차라리 포기하지 말아야 할지도 모릅니다.

그러나 본디 내 것이 아니라고 생각한다면, 내 운명이 거기까지라고 생각한다면 체념하는 것도 좋은 방법이라는 생각이 들었습니다. 그리고 체념한 후에는 집착을 떨어버려야 할 것이라는 생각이 들었습니다.

그 교수님은 포기하지 말고, 체념할 것을 환자들에게 말씀하신다고 합니다. 그래야 집착이 사라지고 마음에 평온을 가질 수 있기 때문이라는 말씀이십니다. 참으로 옳은 말씀입니다. '본디 내 것이 아니라면 체념하고 운명에 맡기라.'

건강 健康

운동과 독서로 이루어 가는 것

건강은 '굳세고 편안하다'는 의미로 굳세기만 한 것도, 편안하기만 한 것도 건강한 것은 아닙니다.

하루에 건강을 위해서 얼마나 운동을 하냐는 질문을 자주 받게 됩니다. 아무래도 점점 부풀어오는 배 둘레 때문이라는 생각이 듭니다. 비만이 걱정이 되는 시대가 되었다는 것은 참 놀라운 일입니다. 항상 배고프고, 굶주리고, 끼니를 걱정하던 시대가 불과 몇 십 년 전까지만 해도 있었습니다. 아니 아직도 그런 나라나 지역도 많이 있습니다. 다이어트를 한다는 사람의 이야기가 그들을 서글프게 할 것이라는 생각이 듭니다. 다이어트를 입에 담을 때 항상 주의해야 하는 이유도 거기에 있습니다.

건강을 위해서 하루에 한 시간 정도는 운동을 한다는 사람들이 많습니다. 운동을 하지 않으면 온몸이 찌

뿌듯하다는 말을 하기도 합니다. 몸짱 신드롬이라는 말이 있는데, 연예인들이 경쟁적으로 몸 만들기에 애를 쓴다는 이야기도 듣게 됩니다. 본업인 노래나 연기 연습보다 운동하는 시간이 더 길다는 이야기도 들은 적이 있습니다. 물론 건강한 육체를 비판할 생각은 추호도 없습니다.

그런데 어느 날 운동의 중요성을 들으면서 육체적 건강을 위해서라면 당연히 운동이 중요할 것이나 정신적 건강을 위해서라면 독서가 중요할 것이라는 생각이 들었습니다. 건강한 신체에 건강한 정신이 깃든다는 말이 맞는 것처럼, 건강한 정신이라야 건강한 육체도 의미가 있는 것이기 때문입니다.

최소한 운동하는 시간만큼이라도 독서하는 시간을 갖는다면 그것이 진정으로 건강한 삶이 아닐까요? 우리들은 하루에 얼마나 독서를 하고 있나요? 요즘에 읽고 있는 책은 무언가요? 최근에 감명 깊었던 책은 무언가요?

나이를 먹다

더 크게 자라야 한다는 말

나이는 '들다'라고 표현하기도 하고 '먹다'라고 표현하기도 합니다. 왜 나이를 '먹다'라고 하는지가 궁금했던 적이 있습니다. 나이를 '먹다'라고 표현하는 것은 '떡국을 먹어야 나이를 먹는다'고 이야기하는 것과 관련이 있을지도 모르겠다는 생각이 들었습니다. 떡국을 먹어야 한 살 먹는다고 하여 꼭 설에는 아이들에게 떡국을 먹게 하였고, 빨리 어른이 되고 싶은 아이들은 두 그릇, 세 그릇씩 떡국을 먹기도 하였습니다. 떡국이라는 음식을 먹는 것은 자라기 위해서입니다. 힘을 내기 위해서입니다.

나이를 '먹는 것'도 이와 같아야 하는 것이라는 생각이 듭니다. 나이를 한 살 더 먹는 것은 힘을 내서 더 크게 자라기 위함이어야 하는 것입니다. 성장 호르몬은 죽을 때까지 나온다는 이야기를 듣고 내 어느 부분이 여전히 성장하고 있을까 하는 생각을 해 본 적이 있습니다. 어느 순간부터 아마 더 이상 특별히 육체적으로는 자라지 않게 될 것입니다. 그렇다고 해서 자라는 것을 포기해서는 안 된다는 생각입니다. 우리의 깨달음은 여전히 목말라 있어야 하며, 생명을 다하는 순간까지 자라나야 할 것입니다.

    우리는 매년 나이를 먹습니다. 그러면서 매년 깨닫지 못하고 있는 스스로를 반성합니다. 그리고 깨달음에 대한 새로운 결심을 해봅니다. 나이를 먹었으면 나잇값을 해야 한다는 말도 자라지 못한 사람을 꾸짖는 말이 아닐까 싶습니다. 나잇값을 해야 하겠습니다.

오십견 五十肩

삶의 무게가 어깨에 내려앉은 것

우리는 '어깨가 무겁다, 어깨가 가볍다'라는 말을 합니다. 어깨가 무겁다는 것은 책임감이 느껴진다는 뜻입니다. 가족에 대해, 사회에 대해, 삶에 대해 우리는 어깨가 무겁습니다.

나이에 따른 병 중에 '오십견'이라는 병이 있습니다. 보통 그 나이쯤 되면 팔이 어깨 높이밖에 안 올라가서 사람들이 무척 고통스러워하는 병입니다. '오십견'에는 의학적 원인이 있겠지만, 나는 '오십견'이라는 병명을 들을 때마다 삶의 무게를 느끼게 됩니다. 오십의 나이를 지천명知天命이라 하여 하늘의 뜻을 아는 나이라고 하는데, 이는 삶에 대한 깨달음을 이야기하는 말일 뿐, 삶의 무게를 이야기하는 것은 아닌 듯합니다.

우리는 오십견으로 고통스러워하는 부모나 가족

을 보면서 그동안 무겁게 짓눌렀을 삶의 무게에 안타까워해야 합니다. 나이가 오십쯤 되면 일반적으로 자식들을 대학에 보냈거나 보낼 시점이 됩니다. 이는 아이들을 키우는 일이 거의 끝날 무렵이라는 의미가 됩니다. 아이들을 키우면서 느꼈을 삶의 무게가 어깨에 그대로 내려앉아 있는 것입니다.

오십견으로 고통스러워하는 사람들에게 그간의 삶을 위로하고 감사하는 마음을 표하는 것은 어떨까 하는 생각을 해봅니다. 오십견에 걸린 사람들을 행복하게 해 주는 것이 그간의 삶에 대한 보답이 될 것입니다.

고행 苦行

나를 위해 하는 가장 기쁜 일

　　　　수행자들이 고행을 하는 모습을 보면서 사람들은 저렇게 고통스러운 것을 왜 할까 하는 생각을 하게 됩니다. 벽을 보고 몇 달, 몇 년을 앉아있는 사람부터, 산 속에 들어가 움막을 짓고 있거나 토굴 속에서 수행을 하는 사람들까지 일반인이 상상하기 어려운 고행을 하는 것을 보게 됩니다.

　　　　그러나 한편으로는 그렇게 고통스럽기만 하다면 어쩌면 하지 않을지도 모른다는 생각이 들었습니다. 어떤 이는 깨달음에서 오는 즐거움을 그 무엇과도 바꿀 수 없다고 말합니다. 기독교에서 성령 은사를 받았다고 하는 것이나 불교에서 해탈의 경지가 되었다고 하는 것이나 크나큰 고통을 수반하지만, 그야말로 고통 끝에 낙을 만나는 것입니다. 또한 고통이 커질수록 기쁨도 커진다는 것을 수행자들은 잘 알고 있는 듯합니다.

    요가를 하는 사람들을 봐도 한 동작이 끝나면 조금씩 어려운 동작으로 나아갑니다. 처음의 동작에서 느꼈을 희열에 만족하지 않고 더 어려운 자세로 나아가는 것은 기쁨도 따라 커지기 때문일 것입니다. 나는 내게 기쁨을 줄 고행을 연구해 봅니다. 어떤 고행을 통해서 나의 정신을 자라게 할지, 복잡한 가슴에 평온을 줄지 찾아봐야겠습니다.

    모든 사람에게 고행은 필요한 것입니다. 요가도 좋고, 묵언수행默言修行도 좋고, 단식斷食도 좋고, 면벽面壁도 좋고, 철야기도徹夜祈禱도 좋을 것입니다. 자신을 단련시켜 자라게 해 줄 고행苦行은 나를 위해 기쁜 일이 될 수 있을 것입니다.

귀貴찮다
귀하지 않게 생각하는 것

귀찮다는 '귀하지 않다'가 줄어든 말입니다. 우리는 어떤 일을 할 때 자기에게 소중하지 않으면, 급박하지 않으면 귀찮음을 표시하게 됩니다. 나는 물이 마시고 싶지 않은데, 누군가가 물을 가져다 달라고 시키면 귀찮습니다. 내가 가고 싶지 않은 곳에 어쩔 수 없이 가게 되는 경우에 귀찮습니다. 정말 하고 싶지 않은 일을 우연한 상황에서 어쩔 수 없이 하게 되었을 때 우리는 귀찮은 일에 말려들었다고 합니다. 예전의 영화 '고래사냥'을 보면 배우 안성기 씨가 어쩔 수 없이 다른 사람을 돕게 되었을 때, '귀찮은 일에 말려들었다'는 대사를 합니다.

가끔은 밥 먹기가 귀찮을 때가 있습니다. 그때 부모님은 '네가 배가 덜 고파서 그런다'라고 말씀하십니다. 정답이죠. 배가 정말 고프면 절실해집니다. 가까운 거리를 움직이는 것이 귀찮다가도 다리가 몹시 아파서 입원이라도 하게 되면, 움직임의 귀함을 알게 됩니다.

'귀찮다'라는 생각이 들 때마다 이 일이 정말로 귀하지 않은 것인지 생각해 보아야 합니다. 실제로는 너무 소중한 것일 수 있습니다. 그때 하지 않아서 후회가 될 수도 있습니다. 가족이나 자식이 귀찮다고 하는 사람도 있습니다. 하지만 그건 정말 귀함을 몰라서 그러는 것입니다. 그들이 없다고 생각해 보면 얼마나 위험한 말인지 알 수 있을 겁니다.

특히 내게 도움을 청한 이의 부탁에 대해서는 귀찮게 생각하지 말아야 할 겁니다. 내가 조금만 수고하면 그에게는 큰 도움이 되는 경우에는 반드시 도와주어야 한다는 생각입니다. 나는 조금 귀찮을 수 있지만 그 사람에게는 큰 힘이 되는 것입니다. 그게 무거운 물건을 함께 들어 주는 경우도 있고, 글을 읽고 의견을 말해 주기만 하여도 되는 경우도 있을 겁니다.

귀찮아하지 않으면 돌아서는 그 사람의 환한 미소를 보게 될 것입니다.

스승의 날

선생에게는 부끄러운 날

　　스승이라는 말을 어원적으로 찾아보면 '무당'과 관련이 있습니다. 스승이란 요즘 사람이 생각하듯이 단순히 굿을 하는 사람이라는 의미가 아니라 한 사회를 이끌어 가는 제사장 같다는 의미로 받아들여야 할 것 같습니다. 예전에는 제사장이나 족장이 하나였던, 즉 제정일치가 되었던 사회이므로 스승이 제사장인 것은 당연한 일인 것 같습니다. 예전에는 의사도, 선생도 다 제사장과 같은 사람이었습니다. 제사장은 아픈 곳을 어루만져주고, 답답한 가슴을 뚫어주고, 인생의 지침을 주기도 하였습니다. 또 때로는 추상같이 엄한 모습이기도 했습니다. 모범이 되어야 하고, 동시에 따뜻한 모습이어야 하는 것입니다. 선생은 이래야 한다는 생각이 듭니다. 제자를 걱정해야 하는 것이 선생이 아닐까 합니다.

스승의 날이 되면 자꾸 눈이 문으로 갑니다. 기다리지 말아야지 하면서도 찾아올 제자의 얼굴들이 떠오릅니다. 누구누구의 모습이 떠오르고 기다리게 됩니다. 그리고는 끝내 찾아오지 못한 제자에게 서운한 감정이 들기도 합니다. 하지만 제자들이 찾아오지 않는다고 꾸짖고 서운해 하는 것은 어찌 보면 스승의 모습에는 맞지 않는 듯합니다. 가르치고 나면 그만인 것이 아니라, 뒷모습을 지켜보기도 하고 몰래 다가가기도 하면서, 제자들이 잘 살고 있는지, 성실히 살고 있는지 지켜볼 일입니다. 항상 애틋해 하고, 더 잘해 주지 못한 선생의 부끄러움을 가슴으로 새길 노릇입니다. 제자들이 찾아오지 않는 것을 어찌 제자들의 탓으로 돌리겠습니까?

중국에는 '하루를 배워도 선생이다.' 라는 말이 있습니다. 나에게 가르침을 준 분을 소중히 생각해야 한다는 의미일 것입니다. 중국의 학회에 갔을 때, 나에게 수업을 들었던 중국의 한국어학과 교수들이 나를 선생으로 대접해서 몸 둘 바를 몰라 했던 기억이 있습니다. 몇 시간 특강을 했을 뿐인데도, 그들은 하루를 배워도 선생이라는 말을 했습니다. 가르치는 것을 두려워하며 해야겠구나 하는 생각이 들었습니다. 하루를 가르치더라도 정성으로 가르쳐야 한다는 깨달음을 주는 말이라는 생각이 들었습니다. 또한 '하루를 가르쳤어도 학생이다.'라는 생각으로 학생들을 만나야겠구나 하는 생각이 듭니다. 가르치기는 단 하루만 하였더라도, 늘 생각하고 도움이 되려고 노력하는 자세가 있어야 한다는 것입니다.

    스승의 날은 선생에게는 부끄러운 날입니다. 이름이 생각나지 않는 제자에게 미안하고, 자주 연락 못한 제자에게 미안하고, 제자의 아픔을 몰라서 미안한 날입니다. 찾아오지 못한 제자들에게 여기 지면을 통해서라도 연락을 띄우고자 합니다. '힘들고 어려울 때 주저 없이 말해다오. 함께 기쁨도 아픔도 나누는 선생이 되려고 노력하마.'

스트레스 stress

받는 것보다는 주는 것을 생각해야 하는 것

사전적 정의에 따르면 스트레스는 '몸에 해로운 정신적, 육체적 자극이 가해졌을 때 그 생체가 나타내는 반응'이라고 합니다. 스트레스와 같이 쓰이는 말을 살펴보면 '쌓이다', '받다' 등이 있습니다. 이 두 표현을 가만히 살펴보면 스트레스에 대해 사람을 수동적인 입장으로 생각하고 있는 듯합니다. 즉, 남에게 받은 스트레스가 내 속에서 쌓여간다는 것입니다. 스트레스와 같이 쓰이는 말로서 '해소하다' 라는 표현도 있는데, 이것도 내게 주어진 압박감을 풀어낸다는 의미가 됩니다.

내셔널 지오그래픽 방송을 보는데 인간과 유사한 습성을 가진 개코 원숭이는 상대방에게 스트레스를 주기 위해서 하루에 약 9시간을 낭비한다는 이야기가 나왔습니다. 그러면서 덧붙이는 말이 인간의 경우도 이와 다르지 않다는 것이었습니다. 이 이야기를 보면서 스트레스를 주는 주체가 '나'일 수 있음을 새삼 생각하게 되었습니다. 하루 중 많은 시간을 다른 사람에게 스트레스를 주기 위해서 골몰하고 있는 것은 아닌지, 내가 받는 스트레스에 대해서는 생각하면서 내가 주는 스트레스는 전혀 의식하지 못하는 것은 아닌지, 답답하였습니다. '9시간을 낭비하였다.'는 내레이션이 계속해서 귓가에 남습니다. 시간을 투자할 만한 가치가 없는 일이기에 낭비라고 했을 것입니다. 다른 이에게 스트레스를 주면서 공정함이나 객관성을 이야기하지는 않는지, 다 그를 잘되게 하기 위한 교육이라고 생각하는 것은 아니었는지 하는 생각이 들었습니다. 또한 내가 받은 스트레스를 해소하기 위해서는 여러 가지 궁리도 하고 여행도 가고 땀을 뻘뻘 흘리기도 하면서, 내게 받았을 스트레스를 해소시켜 주기 위해서는 어떤 고민을 하는지 돌아볼 일입니다.

　　우리의 스트레스를 해소하는 방법으로 '행위나 말을 반복하는 것'이 있다고 합니다. 그래서 종교들에서는 끊임없이 절을 하고, 탑을 돌고, 찬송을 부르는 것일지도 모른다는 생각이 들었습니다. 또 같은 말을 계속해서 암송하거나, 신의 이름을 끊임없이 되풀이하는 것도 신에 대한 경배나 자신을 추스르는 것뿐만이 아니라, 자신의 스트레스를 해소하는 효과와 마음을 침잠시키는 효과가 있었을 것이라는 생각이 듭니다.

    스포츠 경기의 응원으로 스트레스가 풀리기도 하는 것은 이러한 반복의 효과도 있었을 것입니다. 응원 구호나 동작의 반복이 집단적인 스트레스 해소로 이어졌을 것입니다.

    종교가 없는 사람들도 평상시에 이렇게 어떤 행위나 말을 반복함으로써 쌓여있는 감정의 덩이들을 풀어버릴 수 있을 것입니다. 단지, 의미 없는 반복이 아니라 의미 있는 반복이 되도록 행위와 말의 내용을 고르는 노력도 필요할 것입니다. 자신이 마음속에 새기는 말이나 남에게도 기쁨이 될 수 있는 말을 반복하는 것도 좋을 것입니다. '행복'이나 '평화'나 '사랑'이나 '용서'나 '미소'나 '아버지'나 '어머니'나 '아이들' 등 세상에는 기쁘고 애틋한 단어들이 참 많습니다. 이러한 단어를 정하여 반복하여 말한다면 기쁨도 커지지 않을까 합니다. 또한 다른 이에게 즐거움을 줄 수 있는 행위를 연구하여 반복해본다면 일석이조의 효과를 얻을 것입니다. 나의 스트레스도, 그의 스트레스도 한꺼번에 사라지게 될 것입니다.

스트레스가 많은 시대입니다. 눈 뜨면서부터, 잠자리에 들 때까지, 종종은 꿈속에서 가위눌리는 것까지 우리는 답답해하며 살아갑니다. 스트레스로 많은 병도 달고 삽니다.

　　스트레스 주는 일에, 스트레스 받는 일에 시간을 낭비하지 않아야 하겠습니다. 사람이 계속 개코 원숭이처럼 살 필요는 없지 않을까요?

아내

에너지 또는 삶의 활력소

아내의 어원을 설명하는 사람들은 우선적으로 '안'이라는 단어를 떠올립니다. 아내를 다른 말로 '안사람'이라고도 하니까, 이런 접근 방법은 어느 정도 논리성도 갖춘 듯합니다. 하지만 안에 있는 사람이라서 아내라고 한다는 것은 너무 여자의 역할을 한정적으로 생각한 결과가 아닌가 합니다.

또한 어떤 학자들은 '안에 있는 해'라고 해석하여, '안해'에서 아내로 바뀌었다고 합니다. 이는 좋은 의미로 아내를 보려고 하는 생각에서 출발한 논의인 것 같습니다. 하지만 아이를 중세국어에서 '아해'라고 했는데, 여기에서도 '해'를 연관시킬 수 있는지는 의문입니다. 왜냐하면 알다시피 아이에 대한 존중이 없는 것을 안타깝게 생각한 방정환 선생이 '어린이'라는 단어를 만들었기 때문입니다. 하지만 아내를 '해'로 보려는 생각만은 아름답게 느껴집니다.

아내(anae)는 우리말의 '언니(eonni), 아들(adeul)' 등과 관련되어, 사람이나 친족의 의미를 가지고 있는 단어입니다. 한국어에는 많은 친족명이 모음으로 시작되어 주목됩니다.(아저씨, 아주머니, 오빠, 아기, 아가씨, 아이(아해), 우리, 어머니, 아버지 등) 일본어의 'ani(형), ane(언니/누나)' 등도 친족명이라는 공통점을 가지고 있어서 관련성을 생각해 볼 수 있습니다.

아내와 관련해서 나에게 깨달음을 주는 단어로 '샤크티(shakti)'라는 산스크리트어의 단어가 있습니다. 이 단어는 '힘, 역량, 에너지, 재능, 가능성'이라는 뜻을 가집니다. 이것은 또한 동양 종교에서는 '그의 배우자로서 육화된 남성 신의 에너지나 활력'을 의미하기도 합니다. 즉, 모든 아내는 남편의 '샤크티'라는 의미입니다.(조지프 캠벨, 『신화의 이미지』)

아내는 남편의 '샤크티'라는 말은 우리가 잊어버린 아내의 역할이나 위력에 대해서 생각하게 합니다. 이것은 아내에게만 해당하는 의미는 아닐 것입니다. 남편도 마찬가지여야 할 겁니다. 배우자는 모두 그의 샤크티가 되어야 할 것입니다. 나는 그에게 힘을 주는 존재인지, 나는 그의 가능성과 재능을 믿어주고, 발휘하게 돕는 존재인지 생각해 볼 일입니다. 나부터 그의 능력을 의심하고, 한정지었던 것은 아닌지 생각해 봅니다. 또한 그에게 힘이 되기는커녕 부담이 되는 것은 아닌지 반성해 봅니다. 내가 그의 에너지가 되고 활력소가 되기 바랍니다.

싫다
슬퍼하며 해야 하는 말

'싫다'라는 말은 자기의 기준에서 남의 행동이나 모습을 좋아하지 않는 것입니다. 중세 국어에서 '슬프다'는 '슳다'였습니다. '슳다'라는 말이 '슬프다'와 '싫다'의 의미를 갖고 있었던 것입니다. 이 단어가 모음교체에 의해서 '싫다'와 '슳다'로 낱말이 분화한 것으로 볼 수 있습니다.

우리말에서 '싫다'라는 말의 느낌에는 슬픔이 담겨 있습니다. '싫다'라는 말을 가만히 들여다보면 깨달음을 갖게 됩니다. 어떤 존재를 무조건 싫어해서는 안 될 것입니다. '싫어!'라고 내뱉는 말이 무책임해 보이는 것은 그 말에 애정이 없기 때문입니다. 어떤 이가 그리 행동하는 것을 보면서 애처로워하고 슬픈 감정을 가져야 할 것입니다. 어떤 사람을 싫어하기 전에, 왜 그런 행동을 하게 되었는지 살펴보고, 알아보고 그 모습을 찬찬히 들여다보아야 할 것입니다.

싫은 것이 많다는 것은 슬픈 일입니다. '싫다' 라는 말을 하는 자신이 싫어질지도 모릅니다. 남의 행동을 싫어하고, 판단하기 전에 슬퍼하는 감정을 갖는다면 싫은 감정이 사라지게 될지 모릅니다. 어쩌다 그렇게 되었는지, 다시 되돌릴 방법은 없는지 따뜻한 마음으로 바라보아야 하겠습니다. '싫다' 라고 이야기하기 전에.

바보

부른 배를 더 부르게 하려는 사람

     우리는 어리석은 사람을 바보라고 합니다. 요즘에 더 심한 욕을 하도 많이 사용해서 '바보' 정도는 욕도 아닌 것처럼 생각하지만, '바보'가 어찌 보면 제일 심한 욕이라는 생각도 듭니다.

     바보에서 '-보'는 사람의 의미를 가진 접미사입니다. '울보, 겁보, 먹보, 뚱뚱보, 잠보' 등에서 '-보'의 의미를 잘 알 수 있습니다. 바보는 '밥 + 보'의 구조로 되어 있는 말로서 밥을 많이 먹고, 욕심을 내는 사람이 바보라고 할 수 있습니다. 밥을 많이 먹는 사람이 바보라는 말이 생각에 잠기게 했습니다. 먹는 것에 욕심을 낸다면 특히 남의 먹을거리에 욕심을 낸다면 그는 바보임에 틀림이 없습니다. 참으로 어리석은 일이기 때문입니다.

먹는 것에 욕심을 내는 사람을 '먹보'라고 하는데, 먹보보다도 더 식탐이 있는 사람이 바보인 것입니다. 다른 사람의 굶주림에 신경 쓰지 않고, 자신의 부른 배를 더 부르게 하려는 것은 바보 같은 일이 아닐 수 없습니다.

바보가 되지 않기 위해서는 먹을 때마다 굶주리는 사람도 생각해야 할 것입니다. 음식을 고마워하지 않고 남은 음식을 쉽게 버리던 그야말로 바보 같은 날들을 떠올려 봅니다.

소일 消日

시간을 죽이는 일

소일은 하루를 사라지게 만든다는 의미입니다. 잘 사용한다는 뜻이 아니라 억지로 보낸다는 느낌이 강한 단어라고 할 수 있습니다. 나이가 들면서 사람들은 소일거리가 없다느니, 어떤 일로 소일을 한다는 말을 자주 합니다. 이미 직장에서는 은퇴를 하였고, 특별히 해야 하는 일도 없는 상태에서 소일거리를 찾는 것은 어찌 보면 당연한 일인지도 모르겠습니다.

그러나 단순히 하루를 떠나보내기에는 남은 인생이 아깝다는 생각입니다. 자신에게 깨달음을 줄 수 있는 방법을 연구해 보는 것도 의미가 있을 것입니다. 평생 바쁘다는 이유로 자신을 들여다보지 못했다면, 정년 이후부터라도 명상을 하면서 지내는 것도 좋을 것입니다. 건강을 위해 산에 오를 때도 소일을 하지 말고, 주어진 시간을 잘 활용해야 할 것입니다. 주변을 살펴 쓰레기를 주울 수도 있을 것입니다.

　　길가에 떨어진 쓰레기를 줍는 일도, 아이들의 안전을 위해 건널목에서 봉사하는 일도, 그간 내가 배워 온 인생을 젊은이들에게 나직이 들려주는 일도 모두 하루를 잘 보내는 일일 것입니다.

　　소일거리를 찾지 말고, 의미 있는 일을 찾아서 남은 인생을 살아야겠습니다. 소일은 나이 든 이들에게만 해당하는 것이 아닙니다. 젊은 사람들도 때로는 멍하니, 때로는 의미 없는 일로 시간을 보냅니다. 의미 없이 시간을 보내는 것을 '시간을 죽인다.'라고 합니다. 소일은 시간을 죽이는 일입니다.

질투 嫉妬

나를 버리지 못한 마음

'질투는 나의 힘'이라는 영화가 있습니다. 질투가 얼마나 무서운 것인가 하는 생각을 하게 만드는 제목입니다. 질투는 사랑보다 강합니다. 아니, 지저분하고 질긴 것 같습니다.

사랑 없는 부부 사이에도 끊임없이 질투가 존재합니다. 배우자의 부정을 보면, 내가 그를 사랑하지 않더라도 분노에 휩싸이게 됩니다. 그를 사랑하지 않더라도 그를 놓아주지는 못하는 것입니다. 사랑의 반대말이 증오가 아니라 무관심이라는 것은 관심의 중요성을 보여주지만, 사랑과 질투의 관계는 설명하기가 참 어렵습니다. 무관심하면서도 질투는 계속 남아있기 때문입니다. 다 늙어서 아무에게도 관심을 못 받을 것 같은 아내나 남편을 다른 늙은이가 좋아한다고 하면 화가 치밀어 오릅니다. 참으로 이상한 일입니다. 사랑하는 것도 아닌데 말입니다.

사랑은 짧고, 질투는 깁니다. 그 이유는 사랑에는 내가 없는데, 질투에는 내가 있기 때문이라는 생각이 듭니다. 내가 질투하는 이유를 곰곰이 생각해보면, 그 사람 때문이 아니라 나 때문입니다. 나의 체면이나, 나의 지위, 다른 사람이 나를 바라볼 시선 등이 분노를 만드는 것입니다. '네가 감히' 하는 오만한 생각도 담겨 있을지 모릅니다.

질투보다는 사랑이 길었으면 합니다. 질투보다 강한 사랑이었으면 합니다. 내가 왜 질투를 하는지 생각해보고, 나를 버릴 수 있게 되기 바랍니다.

배웅

아쉬움이 있어야 하는 행위

배웅은 손님을 따라 나가며 작별을 고하는 것입니다. 사람들 중에는 종종 마중과 헷갈려하며, 배웅이라는 말을 써야 하는 자리에 마중이라 하는 경우가 있습니다. 마중은 '맞 + 웅'의 구조로 되어있는 말로서, 맞이한다는 의미이며, 배웅은 잘 보내는 의미를 담고 있습니다.

예전에는 손님이 왔다가 돌아갈 때, 마을 어귀까지 나가서 배웅을 하기도 하였습니다. 집 밖에서 배웅을 할 때는 손님의 모습이 사라진 후에도 한참 동안 자리를 뜨지 못했습니다. 계속 손을 흔들면서 서있는 모습에서 정이 느껴집니다. 배웅에는 아쉬움이 있어야 한다는 생각입니다.

물론 예전에는 이번의 헤어짐이 다음 만남을 보장하지 못한다는 점에서 아쉬움이 컸을 수도 있습니다. 공항의 이별을 생각해 보면 더욱 그러합니다. 해외로 유학을 가거나, 취업을 위해서 떠나는 가족이나 친구 앞에서 한없이 눈물이 흘렀었습니다. 공항은 그야말로 눈물바다였습니다. 다시 못 본다는 생각에.

학교 앞에 자주 가는 음식점이 있는데, 그 집의 주인 아주머니는 꼭 문밖에까지 나와서 배웅을 합니다. 형식이 되어버린 우리들의 배웅에 반성을 주는 모습입니다. 돈을 받고 음식을 제공하는 관계에 그러한 인사가 필요할까 생각하지만, 내 음식을 맛있게 먹어준 이에게 고마운 배웅은 필요한 것입니다. 물론 떠나는 손님도 맛난 음식에 대한 고마운 인사는 자연스러운 것입니다.

아파트에 살면서 배웅이 짧아졌습니다. 문밖에서 인사하고 철문을 닫을 때면, 내 마음을 닫는 것 같아서 부끄럽습니다. 처음에는 1층까지 내려가 인사를 했었는데 이제는 내려가는 경우가 적어졌습니다. 나의 배웅에는 아쉬움이 있는가 하고 반성해 봅니다.

삼촌 三寸

유일하게 촌수로 부를 수 있는 사람

삼촌은 현재 유일하게 촌수로 부를 수 있는 호칭입니다. 농담으로 사촌을 '사촌!' 하고 부를 수는 있겠지만, 실제 호칭에서는 사용되기 어렵습니다. 호칭법에서 촌수로 호칭을 부르는 경우가 없는데 사람들 사이에서 삼촌만 촌수가 호칭이 되었다는 것이 재미있습니다.

속담을 가만히 들여다보면 친척 간의 거리를 느낄 수 있습니다. 실없이 실실 웃고만 있는 사람에게 '외삼촌이 물에 빠졌나?' 라는 말을 합니다. 사람이 위험에 처했는데, 이를 웃음의 대상으로 삼는다는 것이 마음 편하지는 않지만, 외삼촌은 물에 빠진 것도 웃길 만큼 조카들에게는 가장 가까운 존재입니다. 그만큼 거리감이 없다고 할 수 있을 것입니다.

또 '처삼촌 묘 벌초하듯이 한다.' 라는 말도 있는

데, 이는 어떤 일을 정말 성의 없이 한다는 의미입니다. 처삼촌이라는 대상이 친척 중에서는 가장 관심이 없는 사람임을 나타내는 것이기도 합니다. 이는 가장 먼 사람이 처삼촌임을 나타내는 것이라 할 수 있을 것입니다.

친삼촌이 결혼을 하면, 작은아버지라고 합니다. '아버지'라는 단어가 한국어에서는 지칭하는 범위가 넓습니다. 큰아버지나 작은아버지나 모두 아버지입니다. 내 윗대의 어른들을 우리는 아버지라고 부릅니다.

삼촌은 우리에게 무척 가까운 사람입니다. 내게 또 다른 아버지와 같은 존재이기도 합니다. 가까운 분과 가깝게 지낼 수 있기 바랍니다. 가족의 범위를 예전처럼 좀 더 넓게 만들었으면 합니다. 예전에는 대가족이었으니까 가족의 범위가 넓은 것이라 생각하겠지만, 낳는 아이가 적을수록 가족의 범위를 넓혀야 한다는 생각입니다. 사촌을 친형제처럼 이어주고, 삼촌이나 이모, 고모를 또 다른 나의 부모로 섬겨야 할 겁니다. 물론 조카들을 내 자식처럼 여기기도 해야겠죠.

이웃사촌
친형제 다음으로 가까운 사람

이웃에 사는 사람이 웬만한 친척보다 낫다는 의미로 우리는 '이웃사촌' 이라는 말을 씁니다. 사실 오랜만에 만나는 친척보다 자주 보는 이웃이 할 이야기도 많고, 도울 일도 많습니다. 이웃과 친하게 지내야 할 이유가 가까이 있기 때문이기도 합니다. 요즘에는 이웃사촌도 많이 줄어들고 있습니다. 이웃사촌은커녕 이웃팔촌도 잘 없습니다. 내가 먼저 마음을 열고 싶지만, 만남이라는 게 한쪽만의 노력으로는 어렵습니다. 사생활 보호라는 단어가 쳐 놓은 높은 담벼락을 봅니다.

그런데 이웃사촌이라는 단어는 다른 의미에서 우리에게 반성을 줍니다. 이웃사촌이라는 말을 보면, 친형제들보다는 가깝지 않지만, 그 외에는 가장 가깝다는 의미를 담고 있기도 합니다. 이 말은 거꾸로 형제간의 소중함도 보여 주는 것 같아서 가슴이 아픕니다. 이웃만도 못한 형제가 많기 때문입니다. 이웃도 사촌처럼 가까운데, 이웃에게는 내 이야기를 다 털어놓을 수도 있는데, 사람들은 형제와 담을 쌓고 삽니다.

　　형제가 멀어지는 것은 참으로 가슴 아픈 일입니다. 가장 큰 불효이기도 하고요.

예쁘다

예쁘다면 보호해야 하는 것

예쁘다는 옛말로 '어엿브다'였습니다. 이는 '불쌍하다, 가엾다'의 의미도 가지고 있었습니다. '어린 백성을 어엿비' 여긴 세종대왕의 글을 우리는 기억하고 있습니다. 어리석은 백성을 불쌍하게 여겨서 한글을 창제하신 것입니다. 그런데 예쁜 것과 가여운 것은 어떤 관계가 있는지 의문이 듭니다.

예쁘다고 이야기할 때, 그 대상을 가만히 생각해 보면 왜 가엾음과 관련이 있는지 느낌이 옵니다. 우리는 주로 꽃을 예쁘다고 하고, 아기를 예쁘다고 합니다. 금방이라도 손길이 닿으면 꺾일 것 같은, 다칠 것 같은 느낌을 우리는 예쁘다고 하는 것입니다. 예쁜 것은 보호하고 싶습니다. 예쁜 여인과 아름다운 여인은 그러한 점에서 차이가 있을 겁니다. 아기에게도 아름답다는 말은 잘 어울리지 않습니다. 예쁜 꽃보다 아름다운 꽃은 왠지 화려하고, 범접하기 어려울 것 같습니다. 가여운 느낌은 아닌 것입니다.

일본어에서는 가련미可憐美를 아름다움의 최고로 친다고 합니다. 가련한 것을 아름답게 여기는 문화에서 아름다움의 가치는 달라질 것입니다.

예쁘다고 할 때는 애틋한 마음이 있어야 할 겁니다. 보호하려는 마음이 있어야 하는 것입니다. 예쁘다면서 꺾으려 하는 것은 예뻐하는 것이 아닙니다. '예쁘다'라는 단어를 가만히 보면, 예쁜 것을 바라보는 우리 조상들의 태도를 알 수 있습니다.

불초 不肖
부모를 닮는 것, 자식을 닮게 하는 것

　　　　부모를 닮지 못한 자식이라는 뜻으로 부모를 닮지 못한 후회가 담겨 있는 말이라 할 수 있습니다. 그렇지만 사실 이 말은 자식의 입장에서보다는 부모의 입장에서 새겨볼 구석이 더 많은 것 같습니다. 자식에게 나는 과연 닮을 만한 존재인가? 나의 어떤 점을 닮으라고 요구할 수 있을까? 많은 반성이 필요한 어휘입니다.

　　　　부모들은 종종 어디서 저런 아이가 태어났을까 하고 자식에게 심한 말을 해댑니다. 자기 자식임에도 내가 저걸 낳고 미역국을 먹었나 하는 탄식을 하기도 합니다. 다 해서는 안 되는 말입니다. 자식들은 부모를 닮지 못해서 죄송한 것이지만, 부모는 닮을 점이 적어 부끄러워야 하는 것입니다. 또한 어찌 보면 닮게 가르치지 못한 것도 미안하게 생각해야 하는 것입니다.

자식은 자연스럽게 부모를 닮습니다. 걸음걸이도 닮고, 식성도 닮습니다. 위장병은 유전이 아니라, 집안의 식습관 때문이라는 말도 일리가 있습니다. 많은 병들이 실은 닮아서 생기는 것입니다. 집안이 음식을 짜게 먹어서, 달게 먹어서 생기는 것이기 때문입니다.

어떤 경우에는 부모에 대한 반발로 닮지 않으려고 노력(?)하는 경우도 있습니다. 반대로 나가려고 하는 모습을 살펴보면 내가 지난 시절 해 왔던 일인 경우가 많습니다. 그리고 언젠가는 내가 그랬던 것처럼 다시 원래대로 돌아올 것입니다.

다시 묻습니다. 나는 닮을 만한가? 어느 부분을.

신혼 新婚
점점 좋아지기 위한 적응기

　　신혼은 결혼 후 얼마 안 되는 기간을 의미합니다. 서양에서 허니문(Honey Moon)이라 하여 달콤한 기간을 의미하기도 합니다. 모두 가장 행복한 시기라는 의미를 담고 있습니다. 우리도 쉽게 신혼인 사람에게 '좋을 때다' 라든지, '깨가 쏟아지겠네?' 라는 말을 하곤 합니다.

　　'언제까지가 신혼인가?' 라는 질문에 3개월이라고 말하는 사람도 있고, 1년이라고 말하는 사람도 있습니다. 저는 5년이라고 말하는 사람도 본 적이 있습니다. 5년이라는 대답에 많은 사람이 의아해하고 놀랐습니다. 5년은 짧은 기간이 아니니까요.

　　생물학적으로 보면, 한 대상을 향한 성적 충동이 유지되는 기간은 그리 길지 않다고 합니다. 그러니 꿀처럼 달콤한 시기는 길지 않을 수밖에 없을 것입니다. 그러나 결혼은 생물학적 행위가 아니라 사회학적인 행위, 아니 인간의 행위가 아닙니까?

실제로는 신혼은 적응기간이라는 생각이 듭니다. 사실 신혼 이후가 정작 좋아야 할 시간인 것입니다. 신혼 기간에 알콩달콩 다투는 일이 많으나 그 이후에는 이해의 폭이 넓어져야 하는 것입니다. 신혼 때는 적응해야 할 일들이 많습니다. 서로 다른 배경에서 자라오고, 다른 식성食性을 갖고 있고, 가정의 문화도 다릅니다. 신혼 때 헤어지는 경우가 많은 것은 신혼에 대한 기대감이 너무 크기 때문은 아닌가 합니다. 또 신혼이 지나면 더 어려울 거라는 두려움 때문은 아닐까 하는 생각도 듭니다.

신혼인 사람에게 좋을 때라고 말하지 말고, 점점 좋아질 거라고 말해 주어야 합니다. 그래야 기대가 생길 것입니다. '좋을 때 다 지났다'라고 이야기하는 것은 기대를 깨뜨리는 것이 될 수 있습니다. 자기 최면처럼 되뇌는 것이 필요합니다. 더 좋아질 거라고.

신혼의 적응기를 잘 넘어서면 더 편안한 나날들이 기다리고 있을 겁니다. 물론 그러기 위해서 노력이 필요할 겁니다. 결혼은 노력하는 것입니다. 신혼보다 아름다운 평생을 위해.

태몽 胎夢과 태교 胎敎
태어날 아이를 향한 부모의 바람

아이를 가지기 전에 꾼 꿈을 태몽이라고 합니다. 보통 태몽이 무엇이냐에 따라 사람의 이름이 달라지기도 하고 인생이 달라지기도 합니다. 태몽을 해석하면서, 아이에게 태몽을 이야기하면서 부모의 바람을 끊임없이 이야기하기 때문입니다. 태몽을 꾼 이후에 부모는 뱃속의 아이에게 기대를 갖게 되고, 그 희망을 뱃속에 다정스레 들려주기도 합니다. 나는 태몽은 태교의 한 방법이라고 생각합니다. 사실 아이를 가졌을 즈음에 꾸었던 꿈 중 가장 좋은 것을 아이에게 연결시키려는 태도야말로 부모의 기대를 의미하는 것일 겁니다. 아이를 갖기 전이나 아이를 가졌을 때 꾼 꿈이 어디 한두 가지였겠습니까?

특별한 태몽이 없는 경우에는 없는 대로 아이에게 기대를 이야기하고, 건강을 빌게 됩니다. 이름에도 그러한 기대를 담습니다. 태교는 좋은 음악이나 좋은 음식만으로 이루어지는 것이 아니라는 생각이 듭니다. 좋은 사람들을 만나고, 만나는 사람에게 악하게 하지 않는 것도 좋은 태교가 될 겁니다. 좋은 글을 읽고, 아기에 대한 바람을 적어보는 것도 좋은 가르침이 될 겁니다.

 아기는 뱃속에 있을 때 모든 것을 안다고 합니다. 아기가 말을 배우기 전에는 모든 것을 다 안다는 이야기도 있습니다. 말을 배우면서 그동안의 세계를 잊어버리는 것이라는 이야기도 흥미롭습니다.

 아이의 삶 속에서는 말 못하던 시절의 기억들이 계속 남아있을 것입니다. 그래서 태교가 필요한 것입니다. 잊어버릴 수 없는 세계에서 부모와 아이가 함께 나눈 이야기니까.

어울리다
어울리는 친구끼리 어울리는 것이 행복

'어울리다'에는 두 가지 뜻이 있습니다. 하나는 어떤 '주主'가 되는 것에 '부副'가 되는 것이 잘 맞을 때 하는 말입니다. 예를 들어 옷이 어울린다고 하고 장식품이 어울린다고 하고 음식이 잘 어울린다는 말을 합니다. 다른 뜻으로는 친구나 형제가 같이 잘 놀고 지내는 것을 말할 때 씁니다. 어울려 놀고, 돌아다니고, 정을 나누기도 하는 것을 말합니다.

그런데 우리는 종종 나쁜 친구들과 어울리게 되는 경우가 있습니다. 보통 부모들은 남의 자식을 나쁜 아이 취급하지만, 그 아이 부모는 우리 아이를 원망하기 마련입니다. 허나 어울리는 사람끼리 어울리는 법이니 한편의 잘못으로 볼 수는 없을 겁니다. 남의 자식의 잘못을 보기 전에 자기 자식의 허물을 보고, 어울리는 만남을 찾을 수 있도록 애써 도와주어야 하는 것입니다.

    잘 어울리기 위해서는 서로의 노력도 필요합니다. 친구의 기쁨이나 슬픔, 좋아하는 것에 내가 관심을 가져야 더 잘 어울릴 수 있을 것입니다. 잘 어울리는 친구와 평생을 어울려 지낼 수 있는 것은 더할 나위 없는 행복입니다. 나이를 한 살 한 살 먹을수록 친구가 절실해지고, 서로 어울려 다니던 시절이 아리게 다가옵니다.

어리다, 어리석다

나잇값을 못하면 어리석은 것

'어리다'의 의미가 예전에는 '어리석다'의 의미였다고 합니다. 이러한 예의 근거로 들고 있는 것이 훈민정음의 '어린 백성'입니다. '어리석은 백성이 이르고자 할 바가 있어도, 제 뜻을 능히 펴지 못할 사람이 많다'라는 구절에서 나온 이야기입니다. 하지만 세종께서 백성을 어리석다고 표현했을까에 대해서는 의심이 듭니다. 어린 아이처럼 자신의 생각을 글로 펴지 못하는 백성에 대한 안타까움이 담겨 있을 거라는 생각입니다. 물론 한자로 어리석을 '우愚'를 썼기에 일면 그러한 추측은 일리가 있어 보입니다.

어린이라는 호칭, 지칭을 방정환 선생이 만든 것을 두고 아이의 존엄성을 인정해 준 것이라 말하는데, '어리석다'라는 말이 과연 칭찬일까 하는 생각이 듭니다.

물론 '늙은이, 젊은이'에서와 같이 '-이'를 사용했다는 점에서 진일보한 것은 맞습니다.

나는 '어리다'가 원래 '어리석다'가 아니라, '어리다'가 '어리다幼'와 '어리석다愚'의 의미를 갖고 있었다고 보며, 오히려 유幼의 의미가 기본적인 것이라 생각합니다. 다의적이었던 어휘가 '어리다'와 '어리석다'로 나누어진 것이라 보아야 할 것 같습니다.

생각이 성숙하지 못한 것은 어린 것이며 동시에 어리석은 것입니다. 어른이 되었으나 생각이 어리다면 어리석은 것입니다. '어리다 어려!'라는 말에는 나잇값을 못하는 어리석음에 대한 꾸짖음이 있는 것입니다. 남을 배려하지 못하고, 자신의 욕심만 우선시할 때, 어리석은 것입니다. 어린아이만도 못한 사고를 할 때, 유치원 아이보다도 못한 행동을 할 때 어리석은 것입니다.

나는 아직 어린가, 아니면 어리석은가 돌아봅니다. 나이는 많아지는데, 더 나아지는 것은 없는 듯합니다. 부끄럽습니다.

한심寒心하다

심장이 차가운 사람

우리는 사람들을 보고 '한심한 놈'이라고 욕을 하곤 합니다. 한심하다는 말을 들으면 무척 기분이 나빠집니다. 하지만 '한심하다'의 의미에 대해서는 별로 관심이 없었던 것 같습니다. '한심寒心하다'라는 말은 심장이 차갑다는 뜻입니다.

심장이 차갑다는 말이 왜 한심하다는 뜻이 되었을까 하는 생각을 해 본 적이 있습니다. 우리는 어떤 일을 앞두고 가슴이 뜨겁다는 말을 합니다. 가슴이 벅차오른다고도 하는데, 이때 가슴이 뜨거워지게 됩니다. 긴장으로 가슴이 두근거리고, 심장의 박동소리가 높아지고, 자연스레 심장이 뜨거워지는 것입니다. 그래서 우리는 심장이 뜨거워지는 것을 열심熱心이라고 하는 것입니다.(정민 외, 『살아있는 한자 교과서』) 열심히 공부하고, 열심히 일을 하는 것은 새로운 일 앞에서, 꿈꾸는 미래 앞에서 심장이 뜨거워지는 것입니다.

그런데 어떤 일을 앞두고도 흥분되지 않고, 새로운 일에 대해서도 관심이 없다면 심장은 차가운 것입니다. 그것은 죽은 심장이나 다름없습니다. 아름다운 것을 보면 기쁘고, 오랜만에 친구를 만나면 반가워야 할 겁니다. 아름다운 경치가 텔레비전에 나오면 가고 싶어 하고, 가려고 노력해야 할 겁니다. 그곳에 가면, 감동으로 가슴이 뜨거워져야 하겠죠.

미래를 향한 꿈은 심장으로 꾸는 것이라는 말도 있습니다. 머리로 꾸는 것도 아니고, 손과 발로 꾸는 것도 아닙니다. 가슴이 뜨거워야만 꿀 수 있는 꿈입니다. 열심히 하려는 자세가 있을 때만 꿀 수 있고, 이룰 수 있는 것입니다. 시인은 시를 가슴으로 쓴다고도 합니다. 머리로만 쓴다면 읽는 이의 감정을 움직일 수 없을 것입니다. 가슴을 뜨겁게 할 때, 새로운 일에 열정이 생기게 될 것입니다.

우리의 가슴이 뜨거워지기 바랍니다. 스스로의 심장을 돌아보고 묻습니다. 나의 가슴은 뜨거운가? 아니면 한없이 싸늘한가?

애처롭다
슬프기도 밉기도 한 것

'애처롭다' 라는 말은 '안타깝다' 라는 느낌이 강한 단어입니다. 그러나 옛말을 살펴보면 싫다와 마찬가지로 '싫다' 와 '슬프다' 의 느낌을 담고 있는 말입니다. '아첩다' 에서 '아쳐로이' 로 파생된 단어인데, '아쳐로이' 가 '애처로이' 로 바뀌게 된 것입니다.

옛말에서 '아쳐하다' 는 말은 싫어하다는 의미였습니다. 한국어에서 '싫다' 는 근본적으로 '슬프다' 와 연결되어 있는 것 같습니다.

'싫다' 라는 단어는 '슬프다' 의 느낌을 잃어버렸고, '애처롭다' 라는 단어는 '싫다' 의 느낌을 잃어버린 것입니다. 이렇듯 낱말도 세월에 따라 변해가는 생명체라는 느낌이 듭니다.

'아쳐로이' 의 해석을 '싫게, 밉살스레' 로 하고 있는데, '밉살스레'에도 약간의 귀여움이 묻어있습니다. 우리말에서는 미움과 귀여움에도 구별이 명확하지 않습니다. 미운 짓처럼 보이는 행동들도 어찌 보면 귀엽기도 한 것이니 말입니다. 어떻게 보느냐, 언제 보느냐에 따라 느낌이 전혀 다른 것입니다. 사랑하는 사람끼리 '미워!'를 남발해도 곧 헤어지는 것은 아닙니다. 오히려 미운 정(?)이 들기도 하는 것입니다. 미운 것에도 정을 느끼는 민족은 별로 없을 듯합니다. 감정은 복잡한 것입니다. 한 가지 잣대로 감정을 파악하기 어려울 겁니다. 우리 민족의 삶에는, 우리말에는 복잡한 감정이 잘 들어 있습니다. 왜 미운 놈에게 떡 하나를 더 주겠습니까? 미운 것에도 관심을 기울이기 바랍니다. 떡 하나 더 주는 심정으로 정을 담아서.

효 孝
천한 일도 직접 하는 것

효孝라는 글자를 가만히 보면 아들이 노인을 업고 있는 모습입니다. 예전에 남아선호사상이 대단하던 시절에 유행하던 농담으로 아들은 나중에 국내여행을 시켜드리고, 딸은 해외여행을 시켜드린다는 말이 있었습니다. 그럼에도 아들을 선호하는 풍조는 그다지 달라지지 않았던 것으로 기억합니다.

사실 효는 돈으로 하는 것이 아닙니다. 효의 시작은 몸을 다치지 않는 데서 시작하고, 효의 마지막은 이름을 날리는 데 있다는 말은 참으로 옳은 말입니다. 부모의 입장에서 보면, 자식이 아픈 것만큼 고통스러운 것이 없고, 자식이 칭찬 받고 존경받는 것만큼 기쁜 일이 없을 것이기 때문입니다.

하지만 자식의 입장에서 효는 어떤 것일까요? 저

는 효의 근본을 효라는 글자에서 봅니다. 부모님을 직접 몸으로 업고 공양하는 데에서 효의 참의미를 봅니다. 효는 마음으로 하는 것이 아니라 몸으로 하는 것입니다.

조선 후기의 채제공 선생은 도승지의 자리에 있을 때, 조정에서 돌아오면 조복朝服을 벗고, 손수 땔감을 가지고 가서 아버지의 방에 불을 때셨다고 합니다.(정약용, 『유배지에서 보낸 편지』)

하인들을 두고서도 몸소 했다는 것을 보면서 반성이 많이 되었습니다. 예전에는 방에 불을 때고, 방바닥 온도를 살피고, 자리끼를 놓아드리는 것이 효의 기본이었을 겁니다. '안녕히 주무세요, 안녕히 주무셨어요?' 라는 인사는 그래서 더욱 정겹습니다.

우리는 물질적으로 조금만 여유가 생기면 사람을 부려 효를 대신하게 하고, 조금만 높아지면 바쁘다는 핑계로 부모님 뵙기를 게을리 합니다. 부모님께서 나무라지 않으면 직접 하는 일 없이 남 못지않게 효를 다했다 생각합니다.

효라는 글자를 가만히 들여다봅니다. 부모님을 섬기는 일은 천해 보이는 일도 직접 하는 것입니다.

나쁘다

자신을 낮아지게 하는 것

나쁜 일이 긴장감 있고, 재미있다는 생각에 나쁜 일을 끊지 못하고 산다고 말하는 경우가 많습니다.

옛말에 '낟비'는 부족하다는 뜻이었고, '낟보다'는 '부족하다' 또는 '나쁘다'의 의미였습니다. 나쁘다는 말의 어원이 지금은 뚜렷이 보이지는 않지만, 기본적으로 '낮다'와 관련이 있는 것입니다. '너토다', '넡다', '얕다'와도 관계가 있습니다. 낮은 것은 부족한 것을 의미합니다. 실력이 낮은 것은 부족한 것입니다. 지혜가 낮은 것도 부족한 것입니다. 그래서 낮은 자리에 앉아서 자신을 낮추는 것이 겸손해지는 것이기도 합니다.

그러나 자신의 어떤 행동 때문에 자신이 낮아진다면 그것은 문제가 됩니다. 내가 한 행동이 다른 이에게 피해를 주고, 다른 이를 아프게 하였다면 그것은 나쁜 것입니다. 그래서 낮다는 말과 나쁘다는 말이 관계가 있는 것입니다.

　　우리나라 사람들은 언어 속에서 나쁜 것을 낮아지는 것으로 본 것입니다. 스스로 낮아져야 합니다. 스스로를 낮추어야 합니다. 그러나 절대로 자신의 잘못된 행동으로 낮아지지는 말아야 할 겁니다. 모자란 이로 평가 받는 것은 나만 가슴 아픈 것이 아닙니다. 나를 사랑하는 이들도 다 아프게 됩니다. 그래서 내가 나쁜 짓을 했을 때, 부모님이 더 슬픈 것입니다. 나쁜 짓은 정말 나쁩니다.

점잖다

나이가 들었음을 알아야 하는 것

'점잖다'라는 말은 '젊지 않다'는 뜻입니다. 젊지 않다는 의미가 어떤 일을 함부로 하지 않는다는 의미로 변화한 것입니다. 이 말은 나이 든 사람이 어떠해야 하는가에 대해서 우리 민족이 갖고 있었던 생각의 한 끝을 보여줍니다. 나이가 들면 가볍지 않아야 하고, 너그러워야 하는 것입니다.

우리가 점잖지 않다고 할 때, 이 표현의 의미는 '젊다'는 뜻이 아니라, 나이 든 이가 갖추어야 할 덕목을 갖추지 않았음을 질책하는 것입니다. 또한 나이가 들면서 버렸어야 할 것을 버리지 못하였음을 꾸짖는 말이 아닐까 합니다.

나이가 들어가면서 사람들이 가장 고민하는 것은 고집이 세지는 것입니다. 그러한 고집을 아집이라고도 하는데, 다른 이는 다 틀리고 나만 옳다고 생각하거나, 젊은이의 행동들을 무조건 어리다고 취급하는 것입니다. 나이가 드신 분 중에는 주변 사람들에게 내가 어떤 일에 집착하면 꼭 좀 말려달라고 부탁을 하는 경우도 있다고 합니다. 집착을 하는 것은 점잖은 일이 아닙니다. 나이가 들면 지갑은 열고 입은 닫으라는 말이 있습니다. 이는 베푸는 것은 늘리고, 독선은 줄이라는 말입니다.

    내가 더 이상 젊지 않음을 항상 되새기면서 살아야 하는데도 내 모든 판단을 그대로 믿고 살아가는 것은 점잖지 않은 행동인 것입니다. 나이를 하나 둘 더 먹으면서 난 조금씩 내가 점잖아지기 바랍니다. 집착과 독선이 하나 둘 사라져가기 바랍니다.

앙갚음
갚지 말아야 할 것

무엇을 갚는다는 것은 좋은 것인데, 왜 앙갚음은 나쁜 의미일까 하는 생각을 해 본 적이 있습니다. '앙갚다'라는 말이 쓰이지 않는다는 점에서 특이한 단어 구성이라고 볼 수 있습니다. '앙怏'은 원망이나 불만을 의미하는 한자어입니다. 한자어가 합성된 단어인 것입니다. 관련된 단어로 '앙심'을 들 수 있습니다. 앙심怏心은 원망으로 가득 찬 마음을 의미하는 단어입니다. '앙숙'이라는 단어도 앙갚음과 관련지어 생각해 볼 수 있습니다. 원한이나 불만이 가득한 사이라고 할 수 있겠죠.

원망이나 불만을 그에게 그대로 갚아준다는 것이니 무서운 말이 아닐 수 없습니다. 복수의 의미를 담고 있는 것입니다. 우리가 '눈에는 눈, 이에는 이'라고 하는 것도 앙갚음일 것입니다. 몇 배로 돌려주겠다는 결심은 앙갚음으로 이글거리는 눈빛을 떠올리게 합니다.

 세상에는 갚지 말아야 할 것도 있다는 생각을 하게 됩니다. 뺨을 맞았을 때 다른 뺨을 내밀기는 진정 어려운 일일 것이나, 그대로 돌려주지 않으려 노력하는 마음만이라도 가져야 할 것 같습니다. 내 마음속에 있는 앙심들을 들여다봅니다. 여러 얼굴들이 눈앞을 지나갑니다. 갑자기 얼굴이 뜨거워지기도 합니다. 지나가는 것은 담아두지 말고 지나가게 두어야 합니다. 제 마음속의 앙심은 갚지 않고 버려 버리고 싶습니다.

푸대접
건강을 위한 대접

  푸대접을 받고서 제대로 대접을 받았다고 생각하는 사람들은 없을 것입니다. 남이 나를 제대로 대접하지 않았다는 의미로 앞에 '푸'를 붙인 단어입니다. 부정의 의미를 담고 있습니다. 비슷한 접두사로는 '풋'을 들 수가 있습니다. 풋사과나 풋고추, 풋내기 등의 단어를 보면, 푸른빛이 돌고 익지 않아 부족한 느낌이 듭니다. '풋'의 어원은 '풀'에서 찾을 수 있습니다.

  중국에서 손님들이 와서 무엇을 대접하면 좋을까 고민하다가 참살이(well-being) 시대이니, 야채野菜와 산채山菜로 유명한 인사동의 식당으로 갔습니다. 나중에 보니 중국인들은 식사 초대에 고기가 준비되어야 잘 대접 받았다는 생각을 한다고 합니다. 의도하지 않게 결례를 하게 되었다는 생각에 헛웃음이 나왔습니다. '잘 대접하려고 한 것이 오히려 푸대접을 하고 말았구나.'라는 생각을 하면서 '푸대접'이라는 단어가 스쳐 지나갔습니다.

    우리나라에서도 푸대접은 고기를 대접하지 않고, '풀'만 대접하는 것입니다. 잔치에 갔는데, 채소만 주었다면 잘 먹었다고 이야기하지 않을 것입니다. 생일이 되어야 고깃국을 맛보고, 고기를 구워먹는 일을 상상하기 어려웠던 시절이 있었습니다. 삼겹살과 불고기가 우리의 대표 음식처럼 말하지만, 사실 우리 식탁에 자주 올라올 만한 이름들은 아니었습니다.

    이제는 시대가 바뀌어서 푸대접이 좋은 것이 되었습니다. 고기가 흔하고, 고기가 위험한 시대를 살면서 점점 간단하고 담백한 식사를 원하게 됩니다. 종종 유기농으로 잘 기른 음식으로 맛난 푸대접을 받고 싶습니다.

보답 報答

원하시는 일을 하는 것

―――――――――

저는 선물을 잘 못합니다. 선물에 착한 의지가 있더라도 괜시리 형식적인 것 같아 머뭇거리게 됩니다. 나중에 후회가 남으리라는 걱정도 있지만, 지금은 그냥 그렇게 지내고 있습니다.

한번은 은사이신 서정범 선생님께 추석에 선물을 드리고 싶다는 생각이 들었습니다. 이왕이면 선생님께서 원하시는 것을 드리려고 어떤 선물이 좋을까를 여쭈었더니 '지난 번 네 글이 참 좋더라.'라는 말씀이셨습니다. 그야말로 동문서답東問西答이 우문현답愚問賢答인 셈이었습니다.

보답은 그렇게 하는 것이 아닌데도 우리는 항상 물질적인 크기에 익숙해져 있는 듯합니다. '얼마짜리'는 보답의 크기가 아닙니다. 선물보다는 좋은 글을 쓰는 것이 보답이고, 좋은 학자로 남는 것이 은혜를 갚는 길일 겁니다.

　　　누군가 내게 준 은혜를 갚으려 한다면, 그가 내게 원했을 일들을 생각해 보아야 할 겁니다. 부모님의 은혜를 갚는 일, 선생님의 은혜를 갚는 일에 대해서 생각해 봅니다. 아내의 고마움을 갚는 일, 형제의 고마움을 갚는 일에 대해서 생각해 봅니다. 바르게 살아야 하겠습니다.

궁금증
가장 아름다운 병

'-증'은 병을 나타내는 말입니다. 궁금증도 병이라면 세상에서 가장 아름다운 병은 궁금증이 아닐까 합니다. 어떤 일들을 보면서 왜 저런 일이 있을까 궁금해하고, 그 해결책을 찾는 일은 재미있는 일입니다. 인류가 지금의 발전을 이룬 것은 모두 궁금증의 덕입니다. 과학도, 철학도, 신학도 모두 궁금증에서 출발한 것입니다.

저는 종종 제가 의심하지 않고 어떤 사실을 받아들였다는 것이 부끄러울 때가 있습니다. 다른 이들에게 부끄러운 것이 아니라 저 스스로에게 부끄러운 것입니다. 언어를 공부하는 사람으로서 어떤 단어의 의미나 어떤 음운 현상에 대해서 의심하지 않았다는 것이 답답해지는 경우도 많습니다.

책을 읽을 때 책 속에 묻혀서 의심 없이 저자의 글

을 따라가는 경우가 많습니다. 이것은 올바른 독서가 아닙니다. 예를 들어 위인전을 읽을 때 위인의 행위에만 관심을 두어 주변을 보지 못하기도 합니다. 이순신 장군의 전기를 보면 무과 시험을 볼 때 말에서 떨어져 다리를 다치는 이야기가 나옵니다. 다친 다리를 버드나무 가지로 동여매고 끝까지 시험을 치르는 이야기를 보면서 우리는 불굴의 의지를 배웁니다.

그런데 왜 버드나무 가지였을까 하고 궁금해 하지는 않았던 것 같습니다. 그냥 옆에 있던 나무겠지 하고 지나쳐 버리는 것입니다. 그러나 버드나무에는 진통작용의 성분이 있고, 그 성분에서 추출한 약이 아스피린이라는 것을 알게 되면 궁금증의 위력을 알게 됩니다. 궁금증이 세상을 바꾸는 것입니다.

모란꽃은 향기가 있을까요, 없을까요? 아마 여러분들은 없다고 생각할 것입니다. 그 이유는 선덕여왕의 일화를 잘 알고 있기 때문일 것입니다. 그러나 정말 모란은 향기가 없을까요? 한번 찾아보세요. 우리가 얼마나 궁금증 없이 세상을 살고 있는지 알 수 있을 겁니다.

객관적 客觀的
손님의 눈으로 보는 것

　　　　객관적은 손님客의 입장에서 살펴보는 것입니다. 주관적이라는 단어는 주인主人의 입장에서 보는 것이라고 할 수 있습니다. 우리는 보통 어떤 대상을 판단할 때 객관적으로 보아야 한다고 말합니다. 저는 객관적인 것이 이성적인 것이고, 냉철한 것이라 생각하여 왔습니다. 그리고 이성적인 것이 좋은 것이라고 생각했습니다. 그렇습니다. 감정이 들어가지 않아야 할 때는 손님의 눈으로 판단하는 것이 옳을 수 있습니다. 한 쪽 편을 들 필요가 없기 때문입니다. 어차피 나는 손님이니까요.

　　　　하지만 가족이나 친구를 바라볼 때는 손님의 입장으로 해서는 안 된다는 생각이 들었습니다. 굳이 이야기 하자면 '객관'은 손님이나 할 일이지 가족이 해서는 안 되는 것입니다. 가족이 누군가와 다투었을 때, 객관성을 유지하는 사람들이 있습니다. 남편이나 아내가 다른 사람에 대해서 화를 낼 때 객관성을 유지하는 경우가 있습니다. 내가 손님이 아니라면 그것이 객관적이 아니더라도, 가족의 편을 들어주어야 합니다. 친구의 편을 들어주어야 합니다. 조금은 비합리적이라도 같이 맞장구쳐 주어야 하고 같이 화를 내 주어야 합니다. 같이 욕도 해 주어야 할 겁니다. 평소에 욕을 잘 하지 않는 사람이라도 말입니다. 그리고 시간이 좀 흘러 감정이 가라앉았을 때, 조금씩 이야기해도 늦지 않을 겁니다.

난 그동안 손님의 눈으로 가족을 보면서 스스로를 이성적이라고 생각해 오지 않았을까 돌아봅니다. 가족이나 친구를 판단할 때, 내가 손님이 아니라는 생각을 먼저 해야 할 것 같습니다. 부모 자식 간에 서운한 것도, 형제끼리 서운한 것도, 친구끼리 서운한 것도 다 편을 들어주지 않았기 때문입니다.

'그래도 당신은 내 편일 거라고 생각했어요.' 라는 말이 아프게 다가옵니다. 여러분은 누구 편입니까?

한아버지
손주들의 위대한 아버지

　　할아버지나 할머니는 모두 한아버지, 한어머니가 변해서 된 말입니다. '한'은 '크다, 위대하다'의 의미를 갖고 있습니다. '하나버지'를 '하라버지'로 발음을 부드럽게 한 것입니다. 즉, 활음조 현상이 일어난 단어입니다.

　　다른 나라말에서도 마찬가지인 경우가 많지만 할아버지도 아버지입니다. 그러고 보면 우리에게 아버지가 참 많습니다. 큰아버지도 있고, 작은아버지도 있습니다. 아버지들이 많다는 것은 그만큼 우리에게 관심이 있는 분들이 많음을 의미하기도 합니다.

　　할아버지들이 손주를 처음 보았을 때, '자식을 낳았을 때보다 더 기쁘다.'라는 말을 하곤 합니다. 자식을 낳는 것보다 손주를 낳는 것이 더 기쁘다는 말이 잘 이해가 되지 않았습니다만, 제 아버지도 손주들을 보시고, 그런 말을 하셨습니다. 그 기뻐하시던 표정을 잊을 수 없습니다.

왜, 할아버지는 그렇게 손주가 좋을까요? 인간이 출산 이후 긴 육아의 시간을 갖게 되면서 대가족 제도가 필요하게 되었고, 그래서 할아버지, 할머니의 역할이 중요하게 되었을 것입니다. 아직 어린 아이를 두고 또 출산을 하려면 아이를 돌봐줄 사람이 필요했던 것입니다. 할아버지, 할머니는 더 나은 유전자를 이어가기 위해서 손주를 지극히 돌보는 기쁨을 누리도록 내재되었을 것입니다.(데즈먼드 모리스, 『털 없는 원숭이의 행복론』)

할아버지는 손자가 자랑하고 싶어서 계속 기회를 보십니다. 어쩌다 아이 이야기가 나오면 사진을 꺼내 보입니다. 요즘에는 휴대폰에 손자의 사진이나 동영상을 담아 다니십니다. 손자 자랑을 하려면 벌금을 내야한다는 우스갯소리도 있을 정도입니다. 나중에 할머니 소리 듣게 될까봐 두렵다던 어떤 분이 막상 손주를 보고 나서는 애기 앞에서 자기를 '할머니'라고 부르며 환하게 웃으시던 모습도 생각납니다. 손주 앞에서는 할머니 되는 것도 기쁜 일인 것입니다.

사람들은 할아버지, 할머니 손에서 자라는 아이들

이 버릇이 없다고 쉽게 이야기합니다. 하지만 저는 압니다. 아이들이 느꼈을 가슴 따뜻한 정은 평생 그리움으로 남아있게 될 것이라는 것을.

    저는 아이들에게 할아버지, 할머니에 대한 그리움을 남겨주고 싶습니다. 세상에서 나를 가장 사랑하신 분들에 대한 그리움을.

대든다

우리와 다른 시각으로 말하는 것

어떤 두 사람이 길을 가다가 길가에 얼어 죽어가는 사람을 발견했습니다. 순간 두 사람은 고민이 되었습니다. 저 사람을 업고 가면, 자신들마저 추위에 지쳐 얼어 죽을지도 모른다는 생각이 들었기 때문입니다. 둘이서는 다투다가 끝내 한 사람은 먼저 출발하였고, 다른 한 사람은 죽어가는 사람을 업고 가기로 하였답니다.

이야기의 결론은 혼자 간 사람은 오히려 추위에 얼어 죽고, 업고 간 사람은 서로의 체온으로 따뜻해져서 둘 다 살아났다는 이야기입니다. 헌신이 얼마나 중요한지, 사람의 체온이 얼마나 중요한지 들려주는 이야기입니다.

참 좋은 이야기라는 생각에 제 아이에게 들려준 적이 있습니다. 제가 이 이야기를 아이에게 들려주었을 때, 아이는 심각한 표정을 짓고 있었습니다. 교훈을 느끼고 있구나 하는 생각에 만족감도 생겼습니다.'그런데 아이는 제게 이런 질문을 했습니다. '아주 더운 날이었으면 어땠을까요?' 아이의 질문은 날 혼동에 빠지게 했습니다.

　　　일찍 일어나는 새가 먼저 벌레를 잡는다는 교훈을 들려주자 아이가 '벌레는 일찍 일어나서 죽은 것 아닌가요?' 하고 질문을 했다는 이야기가 생각납니다. 참 대답하기 곤란한 질문이 아닐 수 없습니다.

　　　우리는 쉽게 어른의 생각과 다른 아이들을 대든다고 나무랍니다. 나는 아이의 세계를 알아가면서 깜짝깜짝 놀라게 됩니다. 대드는 아이들의 생각을 깊게 들여다볼 필요가 있습니다. 아이들은 우리와는 다른 시각으로 우리 앞에 서 있습니다. 우리는 그것을 인정하는 방법부터 배워야 할 것 같습니다. 물론 버릇없이 대드는 모습을 다 허용할 수는 없겠지만요.

칠거지악 七去之惡

결혼의 의미, 같이 한 삶의 의미

칠거지악이라는 말은 자주 들을 수 있지만, 그 내용에 대해서는 그다지 아는 바가 없는 것 같습니다. 투기하는 것, 아들을 못 낳는 것 정도만이 우리가 자주 언급하는 내용들입니다. 생각해 보면 칠거지악은 유교 문화 속에서 이혼의 조건이 아닐까 합니다. 물론 현대에는 잘 맞지 않지만 생각해 볼 필요는 있을 것 같습니다.

칠거지악에는 다음과 같은 내용들이 있습니다. 예전에는 여자에만 해당하는 내용이었지만, 남자에게도 해당할 수 있는 내용이 아닐까 생각해봅니다.

시부모에게 순종하지 않음(不順父母), 아들이 없음(無子), 음탕함(不貞), 투기함(嫉妬), 나쁜 병이 있음(惡疾), 말이 많음(多言), 도둑질을 함(竊盜)

시부모님이나 처부모님께 거역하는 모습은 집안 불화의 시작입니다. 그러한 의미에서 상대편의 부모에게도 최선을 다하는 모습이 필요할 겁니다. 서로의 부모님께 누가 더 잘하는지 내기를 해 보면 어떨까요? 어차피 내기에 져도 그다지 기분이 나쁘지는 않을 듯합니다. '음탕함'도 서로가 서로에게 주의하여야 할 가치일 겁니다.

나쁜 병이 이혼의 사유가 되어서는 안 되겠지만, 건강을 지키려 애써야 하는 것은 부부의 덕목일 겁니다. 자신의 몸은 더 이상 혼자만의 몸이 아닙니다. 그래서 음식 먹는 것도, 술 마시는 것도, 담배를 피우는 것도 모두 주의해야 하는 것입니다.

말이 많은 것이 문제는 아니겠지만, 서로에게 기분이 나쁜 말들이 많아진다면 문제일 겁니다. 나의 말을 들여다보아야 할 겁니다. 아름다운 말을 나누는 사이이기 바랍니다.

우리는 칠거지악만 알고 있는데, 사실 칠거지악에 해당하는 잘못을 지었더라도 내쫓지 못하는 경우도 있었습니다. '내쫓아도 돌아가 의지할 곳이 없는 경우, 함께 부모의 삼년상을 치른 경우, 전에 가난하였으나 혼인한 후 부자가 된 경우'에는 내쫓을 수 없었습니다.

칠거지악은 오히려 '결혼의 의미, 같이 한 삶의 의미'를 다시 생각해 보게 되는 조건이 아닌가 싶습니다. 앞으로는 같이 기억해 볼 '선善'의 조건들도 더 많이 떠올릴 수 있게 되기 바랍니다.

가시버시

부부의 옛말, 옛 모습

부부의 옛말 또는 평안도 지방의 방언입니다. 가시버시의 '가시'는 '가시내'와 관련이 있는 말로 부인을 뜻합니다. '버시'는 특별히 나타나는 어휘는 없으나 남편을 뜻하는 말일 것으로 추정됩니다. 어원적으로 본다면 '벗'과 관계가 있을 것입니다. 가시집은 처갓집, 가시아버지는 장인, 가시어머니는 장모를 의미하는데, 시집, 시아버지, 시어머니와 대칭을 이루는 말입니다. 언어학에는 '나 먼저의 원리'라는 것이 있습니다. 자기가 중요하다고 생각하거나 가깝다고 생각하는 것을 먼저 이야기하려 한다는 것입니다. '여기저기', '엄마아빠'와 같은 말이 여기에 해당합니다. 우리말에서는 가시버시처럼 여성에 해당하는 단어가 앞에 쓰이는 경우가 많습니다. '암수'나 '밤낮' 등에서도 예를 찾을 수 있습니다. 신화에서

'밤'은 보통 여성을 의미하고 '낮'은 남성을 의미합니다.

우리나라는 예부터 남녀차별이 성행한 것으로 알고 있는데, 언어로만 보면 전혀 그렇지 않습니다. '마누라'라는 말도 원래 '마노라'였는데 이는 높은 사람을 부르는 호칭이었습니다. 아낙네의 '아낙'도 원래는 부녀자가 거처하는 곳을 높이어 부르는 말이었습니다.

가시버시에는 여성을 더 소중하게 생각하던 마음이 담겨 있습니다. 사실 부모라는 말도 '어이'인데, 이는 원래 어머니만을 의미하는 말이었습니다. 모계사회에서는 부모 중 어머니만을 정확하게 알 수 있다는 과학적인 (?) 생각을 반영하고 있는 것이라고 볼 수도 있습니다. 가시버시 역시 모계사회의 흔적으로 볼 수도 있을 것입니다.

언어는 차별이나 차이를 반영하기도 합니다. 가시버시를 통해서 옛사람들의 생각들을 엿보게 됩니다. 우리말에서 여성은 차별의 대상이 아니었습니다.

마중
사람을 만나는 일

　　마중은 사람을 맞이하는 것입니다. '맞다'에 '-웅' 이라는 접사가 붙어 있는 단어입니다. '-웅'이라는 접사는 명사 뒤에 붙기도 합니다. 대표적인 단어로는 '지붕' 이 있습니다. 지붕은 집에 '-웅'이 붙어 있는 것입니다.

　　마중은 사람을 만나러 나오는 것이므로 긴장이 있고, 그리움이 있는 행위입니다. 그래서 '버선발로 뛰어나오다'라는 표현이 정겹습니다. 조선시대의 이항복 선생이 스승을 맞이할 때 버선발로 뛰어나왔다는 글을 읽으면서, 이는 당연한 이야기라는 생각이 들었습니다. 스승이 오시는데 방에서 맞을 수는 없는 노릇이니까요. 맞다와 관련되는 단어로는 '마주'가 있습니다. '마주'는 '맞다'에 '-우'가 붙어 있는 단어입니다. '너무'가 '넘다'에 '-우'가 붙어있는 것처럼 말입니다. '맞선'이나 '맞서

다'도 '맞다'와 관련이 있는 단어입니다.

'맞다'와 관련 있는 단어 중에서 제 눈길을 끄는 것은 '만나다'입니다. '만나다'는 '맞나다'에서 변한 것입니다. 따라서 맞다는 만나는 것과 관련이 됩니다. 서로를 '맞이하는' 것이 만나는 것입니다. 서로를 그리워하고 마주하게 되는 것이 만나는 것이고, 이를 위해 준비하는 것이 마중인 것입니다.

예전에 우리는 마을 어귀까지 마중을 나갔습니다. 저희 집에 가끔 외국 학생들을 초대하곤 하는데, 그때 저는 지하철역까지 마중을 가곤 합니다. 그러면 학생들이 놀라곤 하는데, 마중에는 이렇게 놀라움이 더해지기도 합니다. 언제부터인가 우리는 행위를 형식적으로 합니다. 마중의 거리도, 시간도 짧아지고 있습니다. 그냥 집에서 기다리는 경우도 많아졌습니다. 조금 더 빨리 만나기 위해서, 찾는 길을 돕기 위해서 마중을 소중히 하면 좋겠습니다.

만나다를 '맛나다'와 관련지은 글을 본 적이 있는데, '맛난 만남'이라는 표현이 기분 좋게 다가옵니다. 사람들과 맛나게 만나고 싶습니다.

| 제 2 부 |

세상을 만나다

세금 稅金

내는 것보다 쓰는 것에 관심을 두어야 하는 돈

'세稅'는 벼 '화禾'와 기쁠 '태兌'가 합쳐진 말로서 벼를 수확한 기쁨을 신에게 돌리는 것에서 유래되었다고 합니다. 청교도들이 미국 사회를 건설한 힘에는 착실한 세금이 있었다고 합니다. 지금도 세금을 내지 않는 것이 미국에서는 가장 큰 범죄 중의 하나입니다.

세금을 흔히 혈세血稅라고 하는데, 피 같은 세금이라는 뜻일 것입니다. 물론 이때의 피는 세금을 내는 사람들의 피땀을 의미하는 것입니다. 그래서 우리는 내게 부과된 세금의 액수에 촉각을 곤두세우고, 억울해 하게 됩니다. 그러나 한편으로 생각해 보면 내가 낸 세금이 어찌 쓰이는지에 대하여 관심을 가질 필요가 있을 것 같습니다. 특히 세금의 낭비에 대해서는 더 큰 관심으로 살펴보아야 할 것입니다. 우리는 세금을 낭비하는 사람이 주로 공무원일 것으로 생각하나 실제 세금을 낭비하는 사람은 우리 국민이라고 할 수 있습니다.

　　세금으로 지어진 건물이나 도로를 아끼지 않는 일에서부터 세금으로 진행되는 사업이나 연구를 소홀히 하는 것은 모두 세금을 낭비하는 일입니다. 저는 몇 해 전 어떤 글에서 해외입양아들이 한국어와 한국 문화를 배우고 싶어 할 때, 정부는 거기에 관한 모든 비용을 부담해야 한다고 쓴 적이 있습니다. 사실 입양아에게 돌아가야 할 많은 복지 예산이 아이를 외국에 보냄으로써 쓰이지 않았던 것이기 때문에 이러한 요구는 너무나도 당연한 것입니다. 그러나 정부에서는 '예산이 부족하다'는 답변을 하였습니다.

　　저는 그때부터 내가 낭비한 세금이 입양인들을 가르쳐야 하는 비용이고, 우리가 낭비한 세금이 사실은 소년소녀 가장의 한 끼 식사비를 빼앗은 것일 수 있겠구나 하는 생각을 하게 되었습니다. 참으로 무서운 일이 아닐 수 없습니다.

　　세금은 내는 것보다 쓰는 것에 관심을 두어야 하는 돈입니다. 어쩌면 '피 같은 돈'이라는 말은 내게 해당하는 것이 아니라 그 돈을 받지 못한 이들에게 해당하는 것이라는 생각을 해 봅니다.

독선 獨善

착한 것이 아니라, 홀로 착하다고 생각하는 것

요즘에는 착하다는 말이 욕이라고 합니다. '착하다'는 말이 다른 사람에게 이용당하기 좋다는 느낌으로 받아들여지기도 하기 때문입니다. '착하다'라는 말이 '나쁘다'라는 말의 반대말이 아니라 '똑똑하다'라는 말의 반대말처럼 느껴지는 것도 아마 그래서일 겁니다. 영악할 정도로 똑똑한 사람들이 세파世波를 헤치고 살아남는 세상이 되었구나 하는 아쉬움이 듭니다.

그런데 착한 것과 본인이 착하다고 생각하는 것은 전혀 다른 차원의 문제인 것 같습니다. 다른 사람이 인정하든 말든 본인이 착하다고 믿어버리는 것은 참으로 위험한 일입니다. 선善에 대한 판단은 각각 다를 수 있습니다.

자기의 의견만이 옳다고 주장하는 사람들을 보면 숨이 막힐 것 같습니다. 한 치의 양보도 없이 자신의 빈

틈이 보일까봐 노심초사하는 모습은 주위에 있는 사람마저 불안하게 만듭니다. 독선이라는 말은 자기만이 옳다는 의미가 아니라, 자기만 옳다고 생각한다는 의미라는 것을 알아야 할 것 같습니다. 즉, '독선적獨善的'으로 생각하는 것이 문제라는 의미일 겁니다. 모든 것에는 다양한 가능성이 존재하는 것이고, 입장에 따라 옳은 방향이 달라질 수도 있는 것입니다. 어느 쪽에서 바라보냐에 따라 전혀 다른 모습으로 세상은 다가옵니다. 독선적인 태도를 깨기 위해서는 다른 쪽에서 시작되는 관점이나 소리에 마음을 열어야 할 것입니다. 내가 옳다고 생각하는 가치들을 차분히 들여다봅니다. 나의 독선은 아닌지?

리더십 leadership

아랫사람들이 나를 평가하는 가치

리더십은 조직을 잘 이끄는 능력, 부하들을 잘 다스리는 능력, 사람을 따라오게 만드는 능력으로 정의되고 있습니다. 사람들은 리더십이 있는 사람이 되기 위해서, 더 정확히 말하자면 그렇게 평가 받기 위해서 무진 애를 쓰는 것 같습니다. 윗사람이 나를 어떻게 평가할까, 리더십이 있는 사람으로 보여야 할 텐데 하는 걱정이 많습니다. 그러나 근본적으로 리더십은 윗사람이 평가하는 게 아닙니다.

"리더는 부하들이 그에 대해 평가하는 것 그 이상도 이하도 아니다."(존 맥스웰, 『리더가 알아야 할 7가지 키워드』)라는 말은 우리가 리더십을 향해 가져온 태도를 반성하게 합니다. 아랫사람들을 따라오게 하는 동시에 따르게 해야 하는 것이 리더십의 가치인 셈입니다. 나의 권위에, 권력에 어쩔 수 없이 따라오는 것인지, 나의 인격에 저절로 따르는 것인지는 계속 고민해야 할 내용입니다.

내 주변의 사람이 떠나는 것은 한 순간입니다. 권력이 사라지고 나면, 사람은 떠납니다. 그것은 리더십이 아닙니다. 권력이 사라지고 나서도, 권력에 상관없이 내 곁을 지켜주는 사람이 내 리더십의 결과라고 할 수 있을 것입니다.

의원 議員

옳은 것을 말하는 사람

국회의원이나 의회라는 단어를 보면서 사람들은 비웃고, 비꼬는 말을 떠올리게 됩니다. 김지하 시인의 오적五賊에도 국회의원이 등장하였는데, 지금은 시대가 달라졌지만 국회의원을 마땅치 않게 생각하는 사람들은 여전히 많은 것 같습니다. 그런데 의議의 글자가 말씀 언言에 옳을 의義가 더해져 있는 것을 보면서 '옳은 것을 말하는 사람'이 바로 의원이구나 하는 생각이 들었습니다. 그리고 의회라는 말은 옳은 것을 말하기 위해서 사람들이 모인 것이구나 하는 생각이 들었습니다.

자신의 이득이나 자기가 속한 지역이나 집단의 이익이 아니라 그야말로 후손에게 부끄럽지 않은, 옳은 이야기를 할 수 있는 사람이 의원이 되어야 할 거라는 생각이 듭니다. 사실 글자 그대로 의원이 된다면, 누구나 그를 좋아하고 존경하게 될 것입니다. 어차피 모든 사람이 다 정치를 할 수는 없는 노릇이고, 누군가가 우리의 대표가 되어야 한다면 올바른 사람이 국회의원이 되어야 할 겁니다.

　　정치꾼이 아니라 정치인이 되어야 한다는 말도 정도正道를 걸어야 하는 국회의원에게 언어가 들려주는 이야기일 것입니다. 우리들은 국회의원을 뽑아 놓고 그럴 줄 알았다고 합니다. 참으로 답답한 일입니다. 나라를 위해, 세상을 위해 옳은 이야기를 하는 사람이 많아지기 바랍니다.

잠
시간과 정성이 필요한 것

2005년 한 해를 풍미했던 유행어들 중에서 강렬하게 사람들을 웃기면서도 서늘하게 만들었던 것이 '친절한 금자 씨'라는 영화에서 이영애 씨가 한 '너나 잘 하세요'라는 대사입니다. 이 말은 주어와 서술어의 높임의 호응이 맞지 않는다는 점에서 특별한 의도가 있지 않고서는 사용할 수 없는 표현입니다. 자신은 깨끗한 척, 자신은 고귀한 척 포장하는 사람들을 향해서 비꼬는 말투라고 할 것입니다.

한 때 '내 탓이오!'라는 자성의 표현이 유행처럼 쓰였던 것에 비하면 매우 냉소적인 사회 현상을 보여 주는 것이라고 할 수 있습니다. 또한 개인주의적인 태도를 보여 주는 말이라고도 할 수 있을 것입니다. 내가 무엇을 하든지 상관하지 말라는 태도가 담겨 있기 때문입니다.

'잘' 한다는 것은 무엇을 의미할까요? 우리말에서 '잘'은 여러 가지 의미로 사용되고 있어서 한국어를 공부하는 외국인들에게는 매우 어려운 단어가 되고 있습니다. '노래를 잘 부른다, 그림을 잘 그린다.'에서처럼 '좋게, 뛰어나게'의 의미가 있기도 하고, '극장에 잘 간다, 잘 웃는다.'에서처럼 '자주'의 의미도 있습니다. 또한 '잘 생각해 봐, 잘 준비해 봐'에서처럼 '깊이, 정성껏'의 의미를 담고 있기도 합니다. 이러한 의미들 간에는 상관성도 발견됩니다. 즉, '자주, 정성껏 하면 잘 할 수 있다'는 평범한 진리가 '잘'의 의미를 들여다보면 발견이 되는 것입니다.

어떤 일을 잘 하려면 '시간'이 필요합니다. 한 번에 모든 것을 해결하려는 조급함으로는 일을 잘 할 수 없을 것입니다. 능숙해지려면 말 그대로 자주 그 일을 접해야 하는 것입니다. 또한 어떤 일을 잘 하려면 '대충' 일을 마무리하려는 태도로는 안 됩니다. 깊이 생각하고, 정성껏 일에 힘을 기울일 때만 성공적으로 일을 마무리할 수 있는 것입니다. 생활의 달인 등 TV 프로그램에서 나오는 달인의 모습도 이러한 '잘'의 결과라고 할 것입니다. 피땀을 흘린 결과라고 할 수 있습니다. 어떤 일에 숙달熟達

된 사람이 달인입니다. 천재는 노력과 영감이 합쳐져서 이루어진 것이라 할 수 있지만 달인은 어떤 일을 몇 십 년 동안 반복하면서 잘 할 수 있게 된 능력을 가진 사람입니다. 사실 모든 사람이 자기 분야에서는 '달인'이 되어야 할 것입니다.

어떤 일을 잘못했을 때 우리는 '앞으로는 잘 할게요.'라는 말을 합니다. 되돌아보니 한 해 동안 잘못한 일이 참 많습니다. 후회는 나를 과거에 묶어두는 것입니다. 새해를 맞이할 때는 후회보다는 나도 앞으로 잘 할 테니, 너도 잘하라는 인사를 나누면 좋겠습니다. 우리 앞으로 '잘' 합시다.

학문 學問
믿는 것이 아니라 묻는 것

학문에서 제일 위험한 것은 '믿음'입니다. '믿음'은 종교적인 어휘입니다. 불확실해 보이는 것도, 논리적으로 설명이 안 되는 것도 '그 분'이 하셨기 때문에 믿는 것입니다. 그리고 그 분의 말씀을 의심하지 말고 믿으라고 이야기하는 것입니다. 그건 종교인 것입니다.

학문은 종교가 되어서는 안 됩니다. 학문이라는 어휘에 '물을 문問'이 들어 있는 것은 그러한 의미에서 우리에게 깨달음을 줍니다. 배우면서 의문을 가져야 한다는 것입니다. 그리고 생긴 의문은 물어야 한다는 것입니다. '나는 생각한다, 고로 존재한다.'는 데카르트의 명제도 사실은 의문을 가져야 함을 강조한 것이라 생각됩니다. 내가 모든 것에 의문을 갖는 것이 내 존재를 확인하는 일이 될 겁니다.

모든 것을 의심하는 태도야말로 학문의 기본적인 자세일 것입니다. 우리는 쉽게 권위 앞에서 고개를 숙이게 됩니다. 어떤 학자의 논의에 우선 신뢰부터 보내는 경우가 있습니다. 그가 많은 학문적 업적을 남겼기에 그 분의 업적을 우선 받아들이고, 그의 논의를 전제하여 새로운 논의를 시작하는 것입니다. 그러나 이러한 태도는 앞선 학자를 위해서도 바람직한 것이 아닙니다. 그의 업적을 비판해 주고, 보완해 줄 연구자들이 필요한 것입니다.

제자라는 사람들이 스승의 업적에 의문을 갖지 않는 사회는 불행한 사회입니다. 학문적 발전이 이루어지지 않는 그야말로 동종교배同種交配의 나약한 사회가 되는 것입니다. 그건 '학파學派'라고 할 수도 없는 것입니다. 스승의 학설을 뒷받침하기 위해서 제자들이 존재하는 것이 아니며, 스승의 학설에 나타날 수 있는 문제를 보완하고 넘어서기 위해서 제자가 존재하는 것입니다. 그래서 '청출어람靑出於藍'이라는 말에 스승이 기뻐하는 것입니다.

맹목적이라는 말은 학문에 어울리는 것이 아닙니다. '그 분이 그럴 리가 없다.'는 말도 학문에 맞는 말이 아닙니다. 또한 '매도罵倒'라는 말도 학문에는 맞지 않습니다. '그럴 줄 알았다.'라는 말도 매우 위험한 말인 것입니다. 앞으로 우리는 스스로에게 묻는 것을, 서로에게 묻는 것을 두려워하지 말아야 할 것입니다.

부지런히 물어야 합니다. 학문은 믿는 것이 아니라 묻는 것이므로. 저는 제 수업 마지막에 이렇게 이야기합니다. '내 말을 믿지 마라!'

한민족 韓民族
더 친절해야 하는 단일 민족

한민족은 우리 민족을 일컫는 말입니다. 하지만 우리가 보통 한 민족이라고 하면 단일 민족을 의미합니다. 따라서 한민족은 한 민족이라고 해도 맞는 말이 됩니다. 한 민족이 세계화 시대에는 걸림돌이 될 수 있다는 말이 있습니다. 의식하든 그렇지 않든 간에 우리 민족이 배타적이 될 수 있음을 경계하는 말입니다. 단일 민족이 강조되면 될수록 다른 민족이 느낄 소외감이나 낯설음도 생각해야 할 것입니다.

우크라이나 키예프에 한국어 교수법 강의를 갔을 때의 일입니다. 어느 나라에 갔을 때도 느끼지 못했던 아주 특별한 느낌을 받게 되었는데, 그것은 우크라이나에서는 황인종이나 흑인종이 거의 보이지 않아서 내가 그들에게 매우 낯선 존재가 된다는 점이었습니다. 아마 우리가 예전에 백인이나 흑인을 봤을 때의 놀라움과 비슷할 수도 있을 것이라는 생각이 들었습니다. 어디를 가더라도 모든 사람이 우리 일행을 쳐다보았습니다. 작은 일을 하더라도 우리는 어디에서나 눈에 띄는 존재였던 것입니다. 어쩌면 우리만이 그렇게 느끼는 것일지도 모릅니다. 아이들이 우리를 보고 웃고 신기해하고, 손을 흔들어댔습니다. 전에 우리나라 어린이들이 서양인만 보면 무조건 '할로'를 외쳐대었듯이 그들에게 우리는 그냥 낯선 동양인이었던 것 같습니다.

참 낯선 풍경이었습니다. 우리가 단일 민족을 이야기하면서 우리 사이에 들어와 있는 외국인에게 느끼게 했을 그 감정을 내가 느낄 수 있는 시간이었습니다. 그러면서 문득 단일 민족이라면 다른 민족에게 친절해야 한다는 생각이 들었습니다. 우선 그들이 느낄 낯설음이나 어색함을 풀어주어야 할 것입니다. 또한 어쩔 수 없이 우리가 경계하고 거리를 둘 수밖에 없음도 솔직히 고백하여야 할 것입니다. 우리는 단일 민족입니다. 우리는 친절해야 하는 단일 민족입니다.

혼혈인 混血人
낯설어 어색한 사람

혼혈이라는 말은 피의 섞임이라는 뜻이지만, 실제로는 생김새의 혼합이라는 의미로 쓰이고 있는 것 같습니다. 서로 다른 인종 간의 혼합이라는 의미를 갖고 있는 것입니다. 황인종 간의 혼혈은 혼혈로 보지 않는 경향이 있는 것입니다. 따라서 어찌 보면 국제결혼과는 서로 범위가 다른 말이라고 할 수 있을 것입니다.

이미 우리 민족은 오래 전부터 혼혈이라는 말조차 필요 없는 중국인과의 수많은 결혼이 있었을 것입니다. 중국에서 건너 온 성씨라며 자신의 집안을 소개하는 경우가 많은데, 이는 어찌 문제가 되지 않았을까요? 만주족이나 몽골족과의 혼혈도 수없이 존재할 것이며, 이는 특별히 역사상 기록될 필요조차 없었을 정도로 자연스러운 일이었을 것입니다.

'화냥년'이라는 말의 어원을 '환향還鄕년'으로 보면서 우리 민족이 순혈주의의 전통이 있었음을 이야기하기도 하나 이는 전혀 잘못된 인용이라고 할 수 있습니다. 다른 나라에 끌려가 욕보임을 당한 경우와 정상적으로 가정을 이룬 경우가 같이 취급될 수는 없을 것입니다. '순혈'이 큰 문제가 아니었을 수도 있다는 이야기입니다.

　일본인의 피가 섞인 우리나라 사람도 그 숫자가 상상을 초월할 수도 있습니다. 큰 전쟁들도 있었고, 일제강점기도 있었기 때문이며, 현재도 많은 국제결혼자가 있습니다. 그런데 이들에게 혼혈은 그다지 큰 문제가 되지 않으며 그 아이들을 혼혈아라고 부르지도 않습니다. 이는 중국인과 결혼하여 아이를 낳은 경우도 마찬가지라고 할 수 있습니다.

　혼혈아를 차별하는 사회풍조는 낯설음에서 기인하는 것입니다. 우리와 생김새가 다른 사람을 두려워하고, 어색해하는 것입니다. 하지만 혼혈의 의미에 대하여 제대로 배워본 적이 없기 때문에 우리는 우리의 나쁜 습성으로 오해하고 있는 것입니다. 이제 우리는 세계의 많은 사람들을 만나고 있습니다. 더 이상 두려울 이유도 어색할 이유도 없습니다.

신라 시대에도 이미 낯선 이와의 만남이 있었으며, 역사는 허황후나 처용이 다른 민족이었을 가능성을 이야기하고 있습니다. 이제 우리 주위에는 '코시안, 온누리안'이라 부르는 사람들을 비롯해 급속도로 혼혈이 늘어나고 있습니다.

그럼에도 혼혈은 우리에게 친숙한 주제가 아닙니다. 이제부터라도 익숙해지기 위해서 노력해야 하는 주제인 것입니다. 따뜻한 가슴으로 익숙해지기 어렵다면, 차가운 머리로라도 이해하려 노력하여야 할 것입니다. 머리부터 서서히 바뀌어 가슴도 바뀌게 되는 날 혼혈의 문제는 더 이상 우리 사회에 남아 있지 않게 될 것입니다.

지방 地方

사투리를 쓰는 곳

　　지역이라는 말에는 차별이 느껴지지 않는데, 지방이라는 말에는 차별이 느껴집니다. 사투리라는 말도 방언의 의미이나 지방에서만 쓰는 말처럼 인식되고 있습니다. 사실 서울도 한반도 중부에 위치한 지역이며, 서울말 중에도 서울 사투리가 있습니다. 지방 대학이라는 말이 서울이 아닌 모든 곳을 포괄하는 개념이 되어 서울 역시 하나의 지역임을, 하나의 지방임을 잊게 만들고 있습니다.

　　지방자치제를 한 지 10여 년의 세월이 지났다고 하는데, 지방의 살림살이나 지방에 대한 편견은 별반 나아지지 않은 것 같습니다. 따라서 지방 자치를 하지 말고 '지역' 자치를 해야 지역 사회를 발전시키고, 떠나는 지방이 아니라 모여드는 지역이 되지 않을까 하는 생각을 해 봅니다. 우리는 지역의 일꾼을 뽑는다고 하지, 지방의 일꾼을 뽑는다고 하지는 않습니다. 지역에서 활동한다는 말에는 그 지역을 중심으로 활동을 하는 사람이라는 느낌이 있지만, 지방에서 일한다고 하면 수도권에서 일을 하지 않는다는 느낌이 강하게 듭니다.

지역을 살리기 위해서 몇 가지 대책이 있을 수 있을 것입니다. 지금도 일부 시행되고 있지만, 그 지역 대학 출신을 그 지역의 기업이나 공공 관서에서 우선적으로 채용하는 것이 지역 대학을 살리는 한 방법이 될 것입니다. 기업마다 할당을 주고, 채용 비율이 높을수록 세금 감면 등의 혜택을 줄 수 있을 것입니다. 지역 대학 출신의 취업률이 높은데, 굳이 서울로 갈 이유가 없을 것입니다. 사실 서울은 눈 감으면 코 베어가는 두려운 곳이 아닌가요?

또한 그 지역만의 관광 상품이나 축제를 개발하는 것이 필요할 것입니다. 그런데 관광 상품으로 그 지역이 아닌 다른 지역, 심지어 다른 나라에서 만든 것을 판다면, 지역 경제에 도움이 되지 않을 것입니다. 또 그 지역의 특산품을 아무 곳에서나 살 수 있다면 그 지역에 오는 관광 효과는 적어질 것이고, 상품의 가치도 낮아질 수밖에 없을 것입니다. 따라서 그 지역 사람이, 그 지역에서 생산한 물건을, 그 지역에서 파는 방안을 모색할 필요가 있을 것입니다. 물론 모든 상품이 아니라 일정한 종류의 상품을 정하여 개발할 필요가 있다는 이야기입니다. 그러한 상품에는 특별한 인증을 해 주어야 할 것입니다.

　　전국이 일일생활권으로 바뀐 지 오래입니다. KTX의 영향으로 반나절 생활권으로 바뀌고도 있다는 느낌입니다. 각각의 지역 구분이 의미 없는 일처럼 보일지도 모릅니다. 그러나 전국이 일일생활권으로 바뀌고 매스미디어가 아무리 발달해도 사투리의 구수함을 없앨 수 없듯이, 지역의 문화는 남아있을 것이고 또 보존해야 할 것입니다. 지역의 자치가 잘 이루어져야 하는 것은 우리 문화의 고갱이가 그 속에 있기 때문이기도 합니다. 우리 지역에 자긍심을 느낄 수 있는 세상이 되기 바랍니다.

광고 廣告

알릴 필요가 있을까 걱정해야 하는 것

광고의 뜻은 널리 알리는 것입니다. 하지만 실제로 광고를 하려는 사람이나, 만드는 사람이나, 나르는 사람들은 이 광고를 널리 알려야 할 것인지 먼저 생각해야 할 것 같습니다. 널리 알려서는 안 되는 것들도 광고라는 모습으로 우리의 곁에 있으며, 그 광고 때문에 수많은 문제가 발생하기도 합니다.

우리는 그야말로 광고의 홍수 속에서 살고 있습니다. 광고의 방법도 다양해서 직접적인 광고도 있고, 광고주에게 광고를 수주하기 위해서 해 주는 광고도 있고, 광고비 지출을 뽑기 위해서 은근슬쩍 프로그램 속에 끼워 놓은 광고도 있으며, 광고 촬영하는 모습을 연예 소식으로 중계해 주는 이해가 잘 안 되는 광고도 있습니다.

광고는 널리 알려야 하는 것이 주목적이어야 한다

는 생각입니다. 알려야 하는 필요성은 사람마다 다를 것입니다. 그 물건을 팔려는 사람이나 어떤 행위를 한 사람과 그 물건을 사거나 어떤 행위를 알아야 하는 사람의 목적은 다를 수밖에 없을 것입니다. 팔려는 사람이야 조금 과장해서라도 좋게 보여야 하겠지만, 사는 사람은 그 과장에 속아서 물건을 사면 후회를 하게 될 겁니다.

따라서 광고를 실어 나르는 언론은 누구의 이득을 위해서 설 것인가 판단을 해야 할 것입니다. 사실 좋은 광고는 소비자도 보고 싶어 하는 것입니다. 사고 싶은 물건에 대한 광고를 꼼꼼히 살펴보는 소비자, 그 광고를 기다리는 소비자도 많습니다.

허황한 바람일지 모르나 광고에 진실성이 있었으면 합니다. 과장이나 허위 광고에 대한 문제는 사업주만의 책임은 아닙니다. 돈이 된다고 무엇이든 해서는 안 되는 것이니 광고를 만드는 사람들이나 그 광고를 사람들에게 실질적으로 알리는 사람들도 책임을 피할 수는 없을 것입니다. TV에서 담배 광고를 하지 않는 이유가 어디에 있는지 생각해 보아야 할 겁니다.

말로는 도덕을 걱정하면서 누가 봐도 비도덕적인 광고를 버젓이 신문에 싣고 있거나, 말로는 일확천금을 개탄해하면서 일확천금을 조장하는 광고를 싣고 있는 것은 문제라고 할 수밖에 없습니다. 저는 광고를 유심히 보는 편입니다. 신문마다 실린 광고를 자세히 보고 부끄러운 광고, 널리 알려서는 절대로 안 되는 광고가 있지 않은지 살펴볼 일입니다.

광고는 소비자가 알고 싶어 하는 정보를 잘 포장하는 일에서 출발해야 한다고 봅니다. 소비자가 희망하는 부분에 자신이 있을 때 알려야 하는 것입니다. 또 솔직하게 자신의 모습을 알리고 노력하는 모습으로 다가가는 것이 필요합니다. 자기가 원조도 아니면서 원조라고 간판을 다는 것보다 차라리 원조보다 맛있는 집으로, 맛도 없으면서 TV에 나온 적이 있다고 광고를 하는 것보다 곧 TV에 나오려고 맛에 최선을 다하는 집으로 솔직하게 광고하는 것이 훨씬 진실성이 있는 광고일 것입니다. 다른 광고들도 마찬가지입니다. 널리 알릴 만한 광고들을 보고 싶습니다.

의사 醫師

주술을 걸 듯 정성을 기울여야 하는 사람

의사의 '의醫'에 해당하는 한자의 아랫부분에 원래는 유酉가 아니라 무巫자가 들어 있었습니다. '무巫'라는 글자 자체도 의사라는 의미를 가지고 있었습니다. 사실 의사가 없었던 시절에는 무당이나 주술사가 의사의 노릇을 할 수밖에는 없었을 것입니다. 달리 수술도 할 수 없고, 효과가 증명된 약도 변변치 않았던 시절에는 정성을 기울이는 것밖에는 도리가 없었을 것이라는 생각도 듭니다. 세월이 지나 의사에게는 많은 진보가 생겼습니다. 약도 의술도 놀라운 발달을 거듭하고 있습니다. 그러나 바쁜 진료라는 변명으로 정성이 사라지고 있는 것은 아닌지 생각해 볼 일입니다. 쉴 새 없이 들어오는 환자들에게 똑같은 질문을 던지고, 환자의 걱정은 생각도 않고 엄숙한 표정으로 맞이하지는 않는지 생각해 볼 일입니다. 특별한 설명 없이 돌려보내지는 않는지, 오히려 걱정을 키워놓은 것은 아닌지, 만약의 경우만 대비하고 있는 것은 아닌지 돌아보아야 할 겁니다.

세상이 아무리 각박하게 돌아가도 그 옛날 주술을 거는 마음으로 그 병이 낫기를 간절히 소망하며, 치료를 하던 태도만은 변하지 않아야 할 것입니다. 좋은 의사가 되기 참 어려운 시대입니다. 아무리 치료를 잘해 주고 싶어도, 돈 없는 이에게 마음을 주기에는 병원의 여건이 허락하지 않을 수도 있을 겁니다. 연고자가 없는 사람을 치료해 주기에는 두려움이 있을 수 있을 겁니다.

하지만 의사는 주술사입니다. 그리고 선생님입니다. 따뜻해야 하는 사람입니다.

차선 次善

그 상황에서는 최선인 선택

우리는 선거 때마다 차악次惡을 선택하고 있습니다. 조금 덜 좋아하는 사람을 뽑는 것이 아니라 덜 나쁜 사람을 뽑는다는 오만함에 젖어 있는 것입니다.

최선最善의 선택이라면 좋겠지만 최선이 어려울 때, 우리는 차선次善을 선택하게 됩니다. 차선도 그 상황에서는 최선이 되는 것입니다. 그래서 차선으로 한 선택에 대해서도 불만이 없어야 하고, 차선의 선택이 좋은 결과를 맺도록 정성도 기울여야 하는 것입니다.

그런데 우리나라의 선거를 보면 최악最惡을 피하기 위해서 차악의 선택이 주로 이루어지는 것 같습니다. 이 경우에는 그 사람이나 정당이 마음에 들어서라기보다는 상대편의 사람이나 정당이 싫어서 선택을 하는 것입니다. 차악의 선택의 경우에는 늘 불만스러울 수밖에 없습니다. 어차피 좋아하지 않았던 사람이니 그 사람의 행위나 정책에 대해서도 쉽게 마음을 열지 못합니다. 뿐만 아니라 작은 잘못도 크게 보려 하고 과장하여 알리려 하게 되는 것입니다.

사실 선거라는 게 자신이 지지하지 않는 정당이 이기더라도 성심껏 도와주어야 하는 게 아닌가요? 누가 되든지 간에 내 고장, 내 나라를 이끌어 갈 사람인데, 내가 남의 일 보듯이 팔짱만 끼고 뒷짐만 지고 서 있을 수는 없는 노릇입니다.

또한 상대를 평가함에 있어서도 최악이니 차악이니 하는 것은 참으로 오만한 태도가 아닐 수 없습니다. 그에 대해서 그다지 알지 못하고, 알려 하지 않으면서 들리는 평가에 의존해서 비난의 칼만 높이고 있는 것은 아닌지 반성해 볼 일입니다. 비판에는 애정이 필요합니다. 애정이 결핍된 비판은 발전을 염두에 둔 것이라 보기 어렵습니다. 그를 무너뜨리려는 마음만이 담겨 있는 것입니다. 선거에서는 무조건 이기는 것이 아름다운 것으로 오해하고 있는데, 내 고장을 이롭게 하기 위한 선거라는 것을 잊어서는 안 될 것입니다.

선거에 이기려는 경쟁자의 처지에서는 어쩔 수 없

이 상대방을 깎아내릴 수밖에 없을지도 모르겠습니다. 하지만 선거가 끝난 후에는 상대편의 공약 중에서도 좋은 것을 평가해 보고, 반영하려는 열린 태도가 필요할 것입니다. 한 사람의 의견보다는 여러 사람의 다양한 입장에서 생각해 낸 것이 훨씬 나을 수도 있기 때문입니다. 유권자는 선거에 나온 사람들의 면면을 살펴보고 장점을 발견하기 위해서 노력해야 할 것입니다. 그러고 난 후 가능하다면 최선의 선택을 위해서 노력하고 그것이 어렵다면 최소한 차선의 선택을 위해서라도 노력을 기울여야 할 것입니다.

그렇게 당선된 사람이 내가 지지한 사람이건 아니건 간에 축하해 주고, 그가 세운 정책이 잘 이루어질 수 있도록 감시하고, 또 도와주어야 할 것입니다. 이번 선거에서 최선, 또는 차선의 선택이라도 하기 위해서 노력하였으면 합니다. 유권자의 선택에도 노력이 필요합니다.

재능 才能

다른 사람을 위해서 내가 할 수 있는 능력

　　　재능은 내가 다른 사람을 위해서 무언가 할 수 있는 능력을 의미합니다. 우리는 종종 내가 가진 능력이 다른 사람의 능력보다 더 나을 때 재능이라고 생각하는 것 같습니다. 물론 틀린 말은 아닐 것입니다. 허나 내가 왜 이 능력을 갖게 되었을까를 생각해 봐야 할 것 같습니다. 기독교에서는 사람에게는 저마다의 '달란트(재능)'가 있다고 이야기합니다. 그리고 주어진 달란트를 열심히 개발하는 것이 신의 뜻을 따르는 것이라고 이야기합니다.

　　　남보다 음악에 소질이 있는 사람, 남보다 그림에 소질이 있는 사람, 남보다 말을 잘하는 사람, 남보다 힘이 센 사람, 남보다 유머가 많은 사람, 남보다 돈을 더 잘 버는 사람. 내가 이 재능을 왜 가졌을까를 생각해 보면 책임감이 느껴지게 됩니다.

남보다 앞서기 위해서, 남보다 위에 서기 위해서, 남을 무시하기 위해서 재능을 사용해서는 안 될 것입니다. 내가 가진 재능을, 못 가진 또는 덜 가진 사람에게 나누어 주어야 할 것입니다. 내가 충분히 큰 재능을 갖지 않았다고 하더라도 내 재능이 필요한 곳은 얼마든지 있을 것입니다.

내 작은 재능을 기뻐할 수 있는 사람을 찾으려고 노력할 필요도 있을 것입니다. 앞으로 내 재능이 귀히 쓰일 곳을 찾으려고 합니다. 내 재능을 기뻐하는 이들을 더 많이 만나고 싶습니다.

약藥이 들다
사람의 간절함이 약의 효과를 나타내는 것

      약이 병에 효험이 있을 때 우리는 약이 잘 듣는다고 합니다. 약에게 귀가 있지 않을진대, 약이 소리를 듣는 것처럼 듣는다고 표현하는 것이 늘 궁금하였습니다. 그러던 중에 조희룡 선생이 눈병에 대한 처방으로 '제심징려齊心澄慮' 즉, '마음은 가지런히, 생각은 맑게'라는 글을 주었다는 내용을 읽고(정민, 『죽비소리』) 몇 가지 생각에 잠기게 되었습니다. 병은 마음먹기에 달렸다든지, 몸과 맘(마음)은 원래부터 하나라는 우리말의 표현이 하나씩 떠올랐습니다. '몸'과 '맘'은 모음만 다를 뿐 근본적으로 같은 것입니다. 걱정이 있으면 소화도 안 되고, 잠도 안 오고 건강을 잃기 십상입니다. 몸과 마음에 대한 우리 선조들의 사고는 배울 점이 많습니다.

      한약은 짓는 이의 정성과 달이는 이의 정성과 먹

는 이의 정성으로 이루어진다고 합니다. 이 세 정성이 모아져야 약효가 제대로 나타나는 것이라는 말입니다. 약은 사람의 소리를 듣고 있습니다. 사람들의 정성어린 소리, 그 간절함을 듣고 있는 것입니다. 약에게 들려줄 우리의 정성을 돌아봅니다.

　　의사의 정성, 약사의 정성, 환자의 정성. 여전히 우리가 들려주어야 할 이야기는 많은 것 같습니다. 며칠 먹었는데 도무지 약이 효과가 없다고 이야기할 때가 있습니다. 하지만 약이 듣지 않는다고 무조건 화를 낼 일은 아닐 것입니다. 약이 아무 소리도 듣지 못했을 수도 있기 때문입니다.

공 功
자랑하지 않기가 더 어려운 일

어떤 일을 성공적으로 마쳤을 때, 우리는 공功을 세웠다고 합니다. 공을 세운 사람은 그 뿌듯함에 가슴이 벅차오르게 됩니다.

그런데 정민 선생의 '보고報告'에 관한 글 『죽비소리』을 읽고서 '공'에 대해서 다시 생각해보게 되었습니다. 임진왜란 때 연안성에서 왜군을 물리친 큰 공을 세운 이정암李廷馣이라는 사람이 '적이 성을 포위하여 이를 물리쳤다'는 단 한 줄의 보고서를 올리는데, 이 글을 보고 논의하는 사람이 이렇게 이야기하였다고 합니다.

'적을 물리치기는 쉽다. 공을 자랑하지 않기가 더욱 어렵다.'

이 글을 읽고 한동안 멍한 기분이었습니다. 적을 물리치는 것보다 공을 자랑하지 않는 것이 어렵다는 그 말이 뼈저리게 다가왔습니다. 사실 우리는 작은 공도 부러 강조하고 과장하려 하는 것 같습니다. 또 경우에 따라서는 남의 공도 슬쩍 내 공으로 돌리기도 하고, 남이 한 일에 나도 그러려 했었다는 말로 묻어가려는 태도도 갖고 있습니다.

    그리 큰 전과戰果를 올리고도 단지 한 줄의 보고만을 한 그 마음이 다가옵니다. 그간 대수롭지 않은 결과를 공이라며 과장하였을 많은 일들이 부끄러운 고백이 됩니다.

졸고 拙稿
의로움을 지키려 해도 부끄러움이 남는 글

자신의 원고를 낮추어 말할 때, '졸고拙稿'라는 표현을 씁니다. 자신의 저서를 낮추어 말할 때는 '졸저拙著'라는 표현을 쓰기도 합니다. '졸拙'은 서투르다는 의미이면서 동시에 부끄러움을 안다는 의미가 됩니다. 자신의 글을 가볍게 쓰지 않았음에도 항상 두렵고 부끄러워야 함을 보여 주는 단어입니다. 요즘은 논문을 작성할 때 서양식으로, '조현용(2005)에서는'과 같이 인용을 하게 됩니다. 하지만 자신의 이름을 쓰고 인용하는 것은 어쩐지 부끄러움이 느껴지지 않습니다. 자신의 글을 객관적으로 보려는 입장은 이해하지만 글에는 근본적으로 조심스러움이 있어야 한다는 생각입니다.

물론 당연히 부끄러운 글을 세상이나 학계에 내놓아서는 안 되겠죠. 세상에 해악이 되는 글, 없어도 되는 글을 자신의 명예나 업적을 위해서 자꾸 생산해 내어서는 안 될 것입니다. 다른 사람이 보지 못한 측면을 보고, 다른 사람이 채 가지 않은 길을 가면서, 그 길이 나의 이로움만을 좇는 길이 아니어야 한다는 다짐과 함께 글을 써나가야 할 것입니다. 하지만 그랬음에도 항상 부끄러움은 가슴에 남아 있어야 할 것입니다. 졸고를 마칩니다.

고아원 孤兒院

점차 사라져야할 곳

외로운 아이들을 모아놓은 장소라는 뜻입니다. 하지만 달리 생각해보면, 세상에서 없어져야 할 장소라는 생각이 듭니다. 사실 옛날에는 고아원이라는 것이 필요 없었습니다. 사회가 미분화되었기 때문이기도 하지만, 부모가 죽으면 그 아이는 당연히 친지들의 손에서 자라게 되었기 때문입니다. 물론 그러면서 받는 서러움에 관한 이야기도 전해지지만, 어찌 보면 부모 잃은 아이들끼리 모아 놓는 것보다는 안정감이 있었을 것입니다. 친지에게 맡길 형편이 안 되는 경우에는 부잣집이나 자식이 없는 집 앞에 아이를 두고 가기도 하였습니다. 보통 그런 아이를 '업둥이'라 하였는데, 신의 선물처럼 생각하고 잘 키우는 경우가 많았습니다.

해방 이후 전쟁과 산업화를 겪으면서 발생한 많은

고아들이 해외로 입양되고 있습니다. 이제 우리나라도 복지사회로 가고 있다고 하지만 여전히 고아 수출국이라는 오명에서는 벗어나지 못하고 있습니다. 그러면서 우리는 핑계를 댑니다. 우리의 핏줄 의식 때문에 해외로 입양을 보낸다고. 허나 이는 틀린 말입니다. 핏줄 의식 때문이라면, 친척 아이를 맡아서 길러야 정상이기 때문입니다.

　사회가 복잡해지면서 고아에 대한 복지가 점점 중요한 가치가 되어가고 있습니다. 외로운 아이를 외롭지 않게 할 사회적 노력이 더욱 필요한 시점이라고 하겠습니다. 친척이 쉽게 아이를 맡을 수 있게, 아이 없는 사람들이 기쁘게 아이를 신의 선물로 생각할 수 있게 여러 가지 제도들이 마련되어야 할 것입니다. 사회적 환경이 바뀌면, 입양에 대한 생각도 바뀌게 될 겁니다.

만물萬物이 영장靈長

만물에 책임을 느껴야 하는 생물

'인간은 만물의 영장'이라는 말에는 우월감이 포함되어 있습니다. 모든 만물 중에서 가장 으뜸이라는 생각은 이 세계를 이끌어 나가야 한다는 생각으로 이어지는 것 같습니다. 자연을 개발하여, 인류 사회를 더 나은 사회로 이끌어 간다는 생각입니다. 하지만 조금 더 생각해 보면, 누가 우리에게 만물의 영장이라는 지위를 주었나 하는 반성을 하게 됩니다. 스스로가 자신의 재능을 감탄해 하며 붙여놓은 이름이 아닌가 합니다.

하지만 만물의 영장이 주는 압박감도 느껴야 할 겁니다. 집안에서도 어른의 역할은 가족들의 편안과 안위를 생각해야 하는 것입니다. 만물의 영장이라 자처하는 인간이 나머지 생물을 하찮게 여기는 것은 올바른 태도가 아닙니다. 나를 위해 희생하는 동식물에 대한 고마움이 있어야 하는 것입니다. 또한 보호하고 아끼는 마음들이 있어야 할 겁니다.

재미로 생물을 죽여서는 안 됩니다. 먹기 위해서가 아니라면, 죽이는 것이 취미여서는 안 되는 것입니다. 먹기 위한 사냥, 먹기 위한 낚시여야 하는 것입니다. 취미로 살생을 저지르는 것은 불교도가 아니더라도 안 되는 것입니다.

육질을 좋게 한다는 이유로 초식 동물인 소에게 고기를 먹이니 광우병에 걸릴 수밖에 없겠다는 생각이 듭니다. 알을 많이 낳게 하려고 밤새도록 불을 켜놓으니 닭의 스트레스는 어느 정도일지 짐작이 갑니다. 스트레스는 옮는다고 합니다. 동물이 받은 스트레스가 그대로 사람들에게 옮겨와 있는 듯합니다. 성격이 급해지고, 사회가 흉폭해지는 것은 이러한 것에도 원인이 있겠다는 생각이 듭니다.

만물의 영장이라면 최소한 만물에 책임을 느껴야 합니다.

잡초 雜草
우리와 함께 사는 풀

　　쓸모없는 풀을 우리는 잡초라고 부릅니다. 사실 쓸모가 있는지 없는지에 대해서 명확히 판단할 수 없는 경우에도 쉽게 잡초라는 말을 쓰곤 합니다. 잡초와 비슷한 풀을 우리는 들풀이라고도 하는데, 들풀에는 편견이 담겨 있지는 않습니다. 식량의 목적에 해당하지 않으면, 또 내가 자라게 하려고 했던 것이 아니면 너무나 당연하게 '잡초' 취급을 하는 것입니다.

　　지금은 잡초의 대명사가 되어 버린 '피'라는 식물도 예전에는 중요한 식량 자원이었습니다. 지금은 피를 뽑아 버리지만, 예전에는 피를 수확하였던 것입니다. 나의 관점이 변했다고, 더 이상 필요 없다고 잡초라 하여서는 안 될 것입니다. 어떤 풀은 내게는 덜 중요해도 다른 생물들에게는 맛있는 음식일 수도 있습니다.

당장의 내 생활에 도움이 되지 않는다고 우리는 쉽게 주변의 식물을 잡초라 부르고, 주변의 곤충을 해충이라 부릅니다. 잡초가 살 수 없으면 우리도 살 수 없고, 해충조차 없는 식물들은 우리도 먹을 수 없습니다. 누구 마음대로 잡초니, 해충이니 하는 것인가요?

　　또한 우리는 우리가 살지 못하는 땅을 황무지라고 부릅니다. 황무지는 인간에게는 소용없는 땅일지 모르나, 다른 생물에게는 귀한 터전일 수 있습니다.

　　잡초도, 해충도, 황무지도 없습니다. 우리와 함께하는 삶이 있을 뿐입니다.

자원 資源

우리가 가진 것을 고마워해야 하는 것

우리나라는 자원이 부족합니다. 따라서 부족한 천연 자원을 메우기 위해서 인적 자원을 개발해야 한다고 합니다. 교육입국敎育立國을 부르짖는 사람들의 말입니다. 세계 지도를 펼쳐 놓고 우리나라를 찾아보면서 늘 콩알만하다 말하고, 그것도 반쪽으로 나누어져 있다고 말합니다. 하도 이런 말을 듣다보니 아무것도 가진 것 없는 나라에서 태어난 우리를 돌아보면 측은하다는 생각이 들기도 합니다. 우리의 교육을 강조하기 위해서 지나치게 우리가 가진 것이 없음을 이야기하는 것은 이해하지만, 그래도 지나친 자괴감을 갖게 되지 않을까 하는 염려도 생기게 됩니다.

국토의 70%가 산으로 되어 있어서 문제인 것처럼 이야기하지만 산등성이며, 산골짜기며, 산마루며, 저 산

꼭대기를 우리에게 무의미한 공간이라 할 수 있을까 하는 생각이 듭니다. 호연지기를 기르고, 우리의 삶을 깨달음으로 인도하는 공간이라 할 수 있지는 않을까요? 가까운 곳에 등산을 할 곳이 마련된 도시는 많지 않습니다.

　　또한 삼면이 바다인 우리는 바다를 통해서 유형의 자원뿐만 아니라 무형의 가치도 얼마든지 얻을 수 있습니다. 바다가 없는 나라 사람들이 바다를 보았을 때 모습을 상상해 봅시다. 우리에게는 아무렇지 않게 바뀌는 사계절도 다른 나라에는 부러움의 대상입니다. 우리말 속의 풍부한 형용사, 색깔에 대한 다양한 표현은 사계절에 빚진 바 큽니다. 우리말에는 감정과 감각을 나타내는 어휘들이 풍부하게 발달했습니다. 의성어, 의태어의 발달도 어찌 보면 우리 자연을 닮았습니다.

　　미국, 러시아, 중국과 우리를 비교하는 것은 초강대국을 지향한다는 점에서는 바람직하다고 할 수 있을지 모르나, 일반적인 나라와 비교한다면 우린 결코 부족하지 않습니다. 인구가 적은 나라도 아니고, 역사가 짧은 나라도 아닙니다. 석유가 많이 나온다고 해서 사막을 부러워하는 것이 아니고, 삼림이 풍부하다고 해서 정글이나 시베리아 벌판을 그리워하지는 않을 것입니다.

어떤 것은 갖고 있지 않지만, 어떤 것은 벅차도록 갖고 있는 나라. 그래서 이 땅이 고맙고, 이 땅의 사람들이 고맙습니다.

애완동물 愛玩動物
우리의 동물 친구

동물애호가협회의 미카엘 폭스라는 사람이 "애완동물이라는 말이 일반적으로 사용되지 않고, 대신 '주인'이 아니라 '인간보호자'들이 키우는 '동물친구'라는 말을 썼으면 하고 바란다."라고 했다는 글(마빈 해리스, 『음식문화의 수수께끼』)을 보고, 주변의 동물을 다시 생각해 보게 되었습니다.

'애완동물'과 '동물친구'는 전혀 다른 느낌입니다. 동물을 사랑한다는 사람들이 자신이 어떤 동물의 주인이라고 말할 때, 거기에는 상하관계, 주종관계가 존재하게 되는 것입니다. 노예를 기르는 것이나 마찬가지입니다. 내가 놀고 싶을 때 놀고, 내가 걷고 싶을 때 걷고, 내가 쉬고 싶을 때 쉬고, 내가 웃고 싶을 때 재롱떨게 시키는 것은 동물을 그야말로 애완동물로만 생각하는 것입니다. 내가 사랑하는 동물의 입장에서, 친구로서 동물을 만나야 할 겁니다.

저는 동물을 그다지 사랑한다고 할 수 없습니다. 못 먹는 고기도 별로 없으니, 동물애호가들에게는 혐오의 대상일 수도 있을 것입니다. 동물을 길러본 적도 없고, 앞으로도 별로 기를 생각은 없습니다. 하지만 동물을 가두어 기르는 것이 정말 동물을 위하는 것일까 하는 생각은 늘 있습니다. 새장 속의 새나 묶여 있는 개를 보면서 동물과 인간과의 관계를 생각해 봅니다. 함께 산다는 것의 의미를 생각해 봅니다.

배우다

무엇을 배워야 할지 먼저 알아야 하는 것

  무엇을 배울 것인지, 누구에게 배울 것인지를 먼저 아는 것이 중요하다는 생각입니다. 이러한 점에서 김구 선생의 글은 여러 번 봐도 느낌이 다르게 다가옵니다.
  '나는 공자, 석가, 예수의 도를 배웠고 그들을 성인으로 숭배하거니와 그들이 합하여서 세운 천당, 극락이 있다 하더라도 그것이 우리 민족이 세운 나라가 아닐진대, 우리 민족을 그 나라로 끌고 들어가지 아니할 것이다.(김구, 「나의 소원」)'
  민족에 대한 깊은 사랑에도 감동을 받게 되는 구절이지만, 공자, 석가, 예수의 도를 배웠다는 구절에서 부끄러움을 느끼게 됩니다. 실제로 백범께서는 동학에도 깊이 관계하시었습니다. 공자님이, 부처님이, 예수님이 그리고 수운 최제우 선생님이 훌륭함을 알고는 있으나 그들의 사상에 대해서 그다지 아는 바가 없으니 이렇게 사는 인생이 답답할 따름입니다. 우리의 선조들이 수천 년 동안 공부하던 내용을 옛글이라 구태의연하게 여기고 가르치지 않고 배우지 않으니 이를 과연 공부라 할 수 있을까 하는 생각도 해 봅니다.

예전에는 참스승을 찾아 그곳이 산 속이든, 천 리 밖이든 찾아갔습니다. 찾아가 절하고, 제자로 받아들여 줄 것을 청하고 수학하였던 것입니다. 지금은 찾아갈 스승이 없는가, 읽을 책이 없는가 생각해 봅니다. 우리는 누구에게 진정으로 배우려 노력하고 있는지 반성해 봅니다. 스승은 찾아가는 것입니다. 마음을 열고 참스승을 찾고 싶습니다. 엎드려 제자됨을 청하고 싶습니다. 저도 더 늦기 전에 스승을 찾아 떠나야겠습니다.

자기소개 自己紹介

모든 것이 나의 장점이 되도록 노력해야 하는 것

  자기소개를 어려워하는 사람들이 많습니다. 자기를 어떻게 포장하여 남에게 보여줄까 하는 것은 고민스러운 일이 아닐 수 없을 것입니다. 자기소개서는 본질적으로 볼 사람이 알고 싶은 내용을 써야 한다는 생각입니다. 성장 배경이든, 자신의 특기이든 간에 읽을 사람이 관심이 없는 것이라면 의미가 없는 것입니다.

  대학에 진학할 때 영화감상을 자신의 취미라고 쓰는 경우가 있는데, 영화감상이 자신이 진학하려고 하는 학과와 어떻게 관련이 있는지를 이야기할 수 있어야 합니다. 만약 관련성을 이야기할 수 없다면 쓸 필요도 없는 것입니다. 자기소개를 읽을 교수님이 학생의 취미에 관심 있을 리 없기 때문입니다. 직장에 취업하기 위한 자기소개서라면 더욱 그 직장, 직무와 관련된 내용이어야 할 겁니다.

자신의 단점도 주저리주저리 쓰는 경우도 있는데, 솔직하다고 할지 모르나 좋은 방식은 아닌 것 같습니다. 단점을 알고 싶은 것이 아니기 때문입니다. 만약 단점을 쓴다면 이것이 단점처럼 보이지만 어떤 점에서는 장점이 될 수 있는지를 서술해 주어야 할 것입니다. 사실 단점도 다른 면에서 보면 장점이 될 수 있습니다. 조용한 성격도, 우유부단한 성격도 치밀한 성격이나 포용력 있는 성격으로 설명될 수 있습니다. 단점을 장점으로 바꾸는 글을 쓰면서, 단점을 장점으로 바꾸려는 다짐이 생길 수도 있을 겁니다.

자기소개서에 왜 가족을 소개해야 하는지 모른다는 말을 하는 제자를 만난 적이 있습니다. 자기만 소개하면 되지 가족을 소개할 필요가 있느냐는 질문은 일면 타당해 보이지만, 나와 가족이 연결되어 있다는 점에서, 나는 가족의 영향을 고스란히 받고 살아 왔다는 점에서 가족에 대한 이야기는 반드시 필요하다고 할 수 있습니다. 부모님의 어떤 점이 자신의 현재를 이루었는지 고민해 보고 밝혀볼 일입니다. 자기소개서를 쓰면서 부모님이 더 가깝게 느껴지기도 할 겁니다. 부모님이 존경스러운 것은 내가 가장 부모님의 영향을 많이 받았고, 닮고 싶기 때문일 것입니다.

태어난 곳도 형식적으로 쓸 필요는 없습니다. 자란 곳도, 공부한 곳도, 현재 사는 곳도 형식적으로 쓸 필요는 없습니다. 자기소개서에서 형식적으로 쓸 내용은 아무것도 없습니다. 시골에서 태어난 것은 시골에서 태어난 대로 장점이 됩니다. 훈훈한 인정, 친척간의 질서 및 사랑, 그곳에서 자란 것은 장점이 됩니다. 반대로 도회지에서 태어난 것도 그대로 장점이 될 수 있습니다. 새로운 것들에 늘 접할 수 있었던 것이나 많은 문화적 소양을 키울 수 있었던 것 등 장점이 될 수 있는 것들은 많습니다.

나의 모든 것은 나의 장점과 연결되어 있습니다. 자기소개서는 나의 장점을 재발견하는 시간을 내게 줄 겁니다. 또 내가 생각하는 장점이 다른 사람에게도 그렇게 보이도록 노력해야 함을 일깨워 줄 겁니다.

따라서 자기소개서를 작성하는 시간은 단지 나를 소개하는 것만이 아니라 나를 돌아보게 하고, 나의 주변에 감사하고, 나를 성장하게 하는 귀한 시간이 될 수 있습니다. 그러한 의미에서 자기소개서는 형식적으로 쓰지 말고, 정성껏 써야 합니다.

    자기소개서는 한 번 쓰고 마는 것이 아닙니다. 자기소개서는 보관되는 것입니다. 그것이 서류 뭉치 속일 수도 있고, 면접관의 마음속일 수도 있습니다. 내가 쓴 글에 책임질 수 있는 자세도 자기소개서 쓰기에 꼭 필요한 덕목입니다.

선진 문화 善進文化

아름답게 나아가야 하는 문화

　　선진국先進國이라 하면 보통 앞서 나가는 나라를 의미합니다. 우리도 후진국에서 개발도상국으로, 이제는 선진국으로 나아가려 무진 애를 쓰고 있습니다. 남보다 앞서 간다는 것은 기분 좋은 일이면서, 몸과 마음이 편안해지는 일인 것 같습니다. 하지만 곰곰 생각해 보면 무조건 앞서 나간다고 해서 좋은 것만은 아닐 것입니다. 어디를 향해 나아가는가가 훨씬 중요한 가치일 수 있습니다.

　　그러한 의미에서 선진문화先進文化를 선진善進으로 표현한 것은 깨달음을 줍니다. 말레이시아에서 열린 동남아 한국학교 협의회에 강의를 갔다가 재외동포 교육진흥재단의 서영훈 선생님께서 선진을 착할 선善으로 표현하시는 것을 들으면서 무엇을 향해서 나가야 하는가에 대한 답을 얻게 되었습니다.

이제 우리는 물질문명의 초고속 발전으로 배고픔을 걱정하지 않고, 배 둘레를 걱정하는 시대가 되어 버렸으며, 먹을 음식에 대한 걱정보다 먹고 남은 음식 쓰레기를 걱정하는 시대가 되어 버렸습니다. 독재 정권 아래서 자유를 갈구하는 시대에서 서로의 자유가 서로를 불편하게 하는 시대가 되어 버렸습니다. '내 맘이지, 난 자유인이야' 라는 말만큼 무서운 말이 없습니다. 다른 이의 눈치를 살피지 않는다는 사람은 자유로운 것이 아니라 눈치가 없는 것입니다.

　앞서 나가는 것이 목표였던 시대에서 이제 앞선 자리가 불안하고 다시 뒤쳐질까 두려운 시대가 된 것입니다. 앞서 있으나 기쁘지 않고, 편안하지 않음은 그 자리가 아름답지 않기 때문입니다. 모든 병이 스트레스에서 기인하고, 모든 병이 우울증으로 귀결되는 것은 앞서 나가는 공포가 만들어 놓은 것이라는 생각이 듭니다. 그야말로 아름답게 나아가는 세상을 꿈꾸어 봅니다.

우물 안 개구리

나를 둘러싼 조건을 먼저 이해해야 하는 것

우물 안 개구리는 주어진 조건 속에서 사는 생물입니다. 우물 안 개구리가 되지 않기 위해서는 어떻게 해야 할까요? 우물 안 개구리는 우물의 입구처럼 하늘도 둥글다고 생각합니다. 아마 하늘까지 올라가는 길은 모두 우물 안의 벽처럼 되어있을 것이라 생각할 것입니다. 모두 틀린 사실들이지만, 자신의 시야가 한정적이면 그 외의 사실은 절대로 이해할 수 없습니다.

저는 어릴 때 뛰어놀던 초등학교의 운동장에 다시 가 보고, 이런 생각을 한 적이 있습니다. 내가 키가 아주 작았을 때 바라보던 세상과 지금이 이렇게 큰 차이가 있다면, 나보다 훨씬 키가 큰 사람들이 바라보는 세상은 지금 내가 보는 세상과 어떻게 다를 것인가? 어찌 보면 우리는 자신의 조건에서만 세상을 이해하고 있는 것인지도 모릅니다.

    우리는 우물 안 개구리를 불쌍하게 생각하지만, 우물 안이 그 개구리에게는 가장 편한 공간이라는 것도 생각해야 할 겁니다. 우물 밖으로 개구리를 꺼내 놓았다고, 개구리가 기뻐할 것이라고 단정 지어서는 안 될 것입니다. 단, 우물 밖을 궁금해 하고, 우물 밖에 대해서 이러쿵저러쿵 추측해대면서 우물 밖으로 나가려 하지 않는다면 그것은 불행한 일입니다. 세상이 궁금하다면 세상으로 나가서 경험해야 하며, 그 전에 나를 둘러싼 우물에 대해서 이해하려고 노력해야 할 것입니다. 그렇지 못할 거라면 우물 안에 있는 것이 낫습니다. 편안하게. 이러니저러니 주장하지도 추측하지도 말고, 우기지는 더욱 말고. 그것도 그리 나쁜 일은 아니니까요.

덕담 德談
덕이 담긴 이야기

───────────────────────────────

덕담德談은 덕이 담긴 이야기입니다. 우리는 덕담에 덕德이 들어있어야 함을 잊고 있는 듯합니다.

새해가 되면 덕담 한 마디를 듣기를 원하고, 해 주기를 원합니다. '새해 복 많이 받으세요.'라는 인사말에 '새해에는 하는 일이 잘 되기 바란다든지, 건강하라든지, 좋은 직장에 취직하라든지' 하는 덕담이 뒤를 따르게 됩니다. 덕담 중에 경제적인 내용의 덕담이 있기도 하지만 최근의 덕담들은 지나치다 싶은 정도로 직접적입니다. '부자 되세요'로 대표되는 덕담은 사회가 경제적으로 어렵구나 하는 생각을 하게도 만들지만, 아무래도 황금이 만능이 되었구나 하는 씁쓸함을 지울 수 없습니다. 황금돼지해니 하면서 돼지꿈 꾸라거나 황금돼지해에 아이를 낳아서 부자로 만들라든지 하는 덕담을 하는 것은 각박한 인생사에 활력처럼 느껴지다가도 왠지 너무 모든 것이 돈에만 맞추어져 있구나 하는 생각을 하게 만듭니다.

새해 덕담이 진정 그 사람을 위한 것이라면, 돈 얘기보다는 아름다운 세상에 대한 이야기를 들려주고 기원해야 하는 것이 아닌가 하는 생각을 하게 됩니다. '부자 되세요'보다는 '행복하세요'가 아름답고, 행복하기 위해서 다른 사람을 많이 도우라는 말이 아름다울 것입니다. 또한 가족의 행복을 위해서 '가족과 지내는 시간이 많아지기 바란다'는 덕담은 어떨까 합니다. 또 조금은 직접적인 느낌이지만 새해에는 '효자 되세요'라는 반성의 덕담을 주는 것을 어떨까요? 본인이 효자라 생각하는 이는 없을 터이니, 반성의 의미도 될 것입니다. 효도는 물론 우러나와야 하는 것이겠지만, 서로 약간씩의 부추김도 필요할 것입니다. 서로의 경쟁에도 아름다운 경쟁이 있습니다.

우리는 덕을 나누어 주면서 삽니다. '덕분德分'이라는 말은 그래서 나온 것입니다. 부모님 덕분에 이 세상에 태어났고, 선생님들 덕분에 이만큼이라도 살고 있습니다. 가족들 덕분에 하루의 피로를 잊기도 하고, 친구들 덕분에 즐거움을 누리기도 합니다. 덕담을 통해 서로에게 덕을 나누어 줄 수 있기 바랍니다. 새해에는 서로에게 깨달음을 주는 동반자가 되었으면 합니다.

동정 同情
다른 이의 고통을 같은 느낌으로 바라보는 일

　　　동정은 같을 동同, 뜻 정情으로 같은 느낌을 갖는다는 뜻입니다. 즉, 다른 사람의 어려운 처지를 내 일처럼 가엾게 여긴다는 의미의 단어입니다. 참 느낌이 좋은 단어입니다. 하지만 우리는 동정의 의미를 제대로 모른 채, 누구를 동정한다고 할 때 단순히 우월한 위치에서 아래로 내려다 본 것은 아닌가 합니다. 우리는 남들을 불쌍하게 여기기만 했지, 내 일처럼 여기지 않은 것은 아닌가 하는 생각이 듭니다. 그만큼 거리가 있었던 것이 사실입니다.

　　　동정이나 측은지심은 인간의 기본적인 성정性情입니다. 우리는 누구에게 배우지 않았어도 부모 잃은 아이를 보면 가슴이 아려 오고, 죽을 병을 앓고 있는 이를 보면 측은함이 느껴집니다. 여기까지는 본성인 듯싶습니다. 성선설을 신봉하는 것은 아니지만, 본디 약한 이를 보면 불쌍해 하는 마음은 모든 인간에게 있는 듯합니다.

　　그러나 이를 마음에서 그치지 않고 행동으로 옮기는 것은 전혀 다른 일입니다. 이는 본성에 기댈 것이 아니라 교육에 맡길 일이기 때문입니다. 어린 시절부터 돕는 법을 배우지 못해서인지 우리는 돕는 생활에 익숙하지 못합니다.

　　베트남 하노이 화평 마을에서 고엽제 후유증이 원인이 되어 태어난 천진한 아이들을 만난 적이 있습니다. 고엽제는 당대뿐만 아니라 후대에까지 끊임없는 고통을 안기는 전쟁 범죄의 도구입니다. 특히 후손들의 정신적인 문제에 심각한 영향을 미친다 하니 참으로 가슴 아픈 일이 아닐 수 없습니다.

　　그 아이들을 보면서 측은한 생각이 들었습니다. 동정심이 생겼습니다. 그러나 쉽게 다가가지 못하고 안아 주지 못하는 내 모습을 그저 답답한 마음으로 지켜볼 수밖에 없었습니다. 동정을 동정動情으로 바꾸고, 다시 이를 행동으로 바꾸어 삶의 일부분이 되도록 나를 다잡고, 작은 실천부터 준비해야겠습니다.

일삼다
가치 있는 일을 노력해야 하는 것

'일로 삼는다.' 즉, 무엇을 위해 일한다는 의미입니다. 그런데 보통 우리가 '일삼다'라고 하면 좋은 의미의 일은 없고, 나쁜 의미의 일만 남아 있게 되는 것 같습니다. 싸움을 일삼고, 거짓을 일삼고, 사치를 일삼고, 폭음을 일삼고, 폭력을 일삼고, 만행을 일삼으니 말입니다.

그런데 김구 선생의 글에서 '화합의 건설을 일삼을 때'라는 구절을 보고, 일삼는 것도 좋은 것이 있구나 하는 생각이 들었습니다. 그리고 우리가 일삼아야 하는 일이 무엇인지에 대해서 고민할 필요가 있음을 깨닫게 되었습니다.

또한 다산 선생이 유배지 생활에서 저술을 일삼았다는 글을 보면서도 일삼는 것의 아름다움을 보게 되었습니다. 학자로서 일삼아야 할 것은 저술이구나 하는 생각도 들었습니다. 선생으로서 일삼아야 할 것은 무엇인가? 학생으로서 일삼아야 하는 것은 무엇인가? 정치인으로서 일삼아야 할 것은 무엇인가? 부모로서 일삼아야 할 것은 무엇인가? 자식으로서 일삼아야 할 것은 무엇인가?

    나는 무엇을 일삼고 있는지 반성해 봅니다. 내가 하는 일이 정말 일로 삼아야 할 그런 가치 있는 일인가, 아니면 내 자리에서 결코 해서는 안 되는 일들만 일삼고 있는가 생각해 봅니다.

한낱
힘을 합치지 않으면 보잘것없는 것

    '한낱'은 '한 + 낱'이 합쳐진 말입니다. 한은 여러 가지 뜻을 가지고 있는 말입니다. '하나'는 양陽을 시작하는 순양純陽의 숫자로 유일하다는 의미를 갖고 있기도 합니다. 그래서 우리는 유일신을 하느님이 아니라 하나님이라고 하는 것입니다. 또한 한은 '크다'나 '많다'의 의미를 갖고 있기도 합니다. 하나와 어원이 같다는 점에서는 이견이 있기도 하나, '한새(황새), 한소(황소), 하고 많은' 등에서 '크다'나 '많다'의 의미를 찾을 수가 있습니다. 황새나 황소의 '황'은 누렇다는 뜻으로 생각하는 경우가 있는데 사실은 크다는 뜻입니다. 또 다른 의미로는 '작다'나 '보잘것없다'는 의미가 있기도 합니다. '한낱'의 한은 이러한 보잘것없다는 의미를 담고 있습니다. 하나도 보잘것없는데, 낱개이기까지 하니 정말로 사소한 존재가 되는 것입니다. '한낱'이라는 단어를 보면서 '함께'라는 단어를 떠올리게 됩니다. 함께는 하나가 된다는 의미의 말입니다. '함께'에도 '한'이 들어가 있습니다. 같은 하나라도 모여서 하나가 되는 것은 힘이 있는데, 하나씩 낱낱이 되는 것은 무시당할 수밖에 없는 것입니다. '한낱 미물에 지나지 않는다.'에서와 같이 '한낱'과 같이 쓰이는 것은 덩달아 중요성이 떨어지게 됩니다. 함께해야 합니다. 힘을 합쳐야 합니다. 그래야 가치가 생기는 것입니다.

대통령 大統領

가장 고통스러워하는 사람

옛날 부여에서는 가뭄이나 장마가 계속되어 곡식이 영글지 않으면 왕을 바꾸거나 죽였다고 합니다. 가뭄 등의 천재지변이 계속되면 왕을 죽이는 일은 여러 나라에서 있었던 듯합니다. 정치를 잘 못하는 것뿐만 아니라 하늘의 선택을 받지 못하는 것도 왕의 잘못이라는 생각이 깊었던 것입니다. 천재지변으로 왕을 죽인다는 것이 어리석어 보이기도 하지만, 백성이 불행해지는 것은 나라의 지도자 책임이라는 생각이 강했던 것 같다는 생각도 하게 됩니다. 나는 이 이야기를 볼 때마다, 대통령이 되기를 즐거워해서는 안 된다는 생각이 듭니다. 그야말로 대통령은 백성의 행복을 위해 목숨도 내놓을 수 있는 자리어야 하는 것입니다.

세종대왕은 백성 중에서 아들이 어미를 죽인 사건

을 접하고 크게 충격을 받아서 삼강행실도를 만들었습니다. 요즘에는 시대 탓으로 돌리기에도 모자랄 만큼의 수많은 엽기적인 사건들이 일어나고 있습니다. 이 시대의 대통령은 충격 받을 일도 많고, 그렇기 때문에 만들어야 하는 책도 많은 자리입니다. 대통령은 크게 거느리는 자가 아니라 가장 고통스러워하는 사람이어야 합니다. 따라서 거느리는 '대통령大統領'이 아니라 가장 아파하는 '대통령大痛領'이어야 하는 것입니다.

삼국유사를 보면 이사금이라는 왕의 명칭에 대한 유래가 나옵니다. 아마 국사나 국어에 관심이 있었던 사람이라면 이사금이 잇금, 즉 이齒와 관계가 있음을 알고 있을 것입니다. 그런데 왜 잇금이 중요했는지 그 사건의 이야기는 잘 기억하지 못할 것입니다. 이야기는 이렇습니다. 신라의 노례왕이 왕위에 오를 때 자신보다 탈해가 더 훌륭하다 생각하여 왕위를 양보하려고 합니다. 이때 탈해가 노례왕이 되어야 한다고 하면서, 정 그렇다면 떡을 물어 이齒가 많은 사람이 왕이 되는 것으로 하자는 제안을 하게 됩니다. 그래서 떡을 물게 되고 이齒의 수가 많았던 노례가 왕이 됩니다. 노례왕 이후에는 다시 탈해가 왕이 됩니다. 역사 속의 이야기이므로 해석은 달라질 수 있겠으나 왕이 될 때도 혹여 자신보다 훌륭한 이가 있는지 살폈다는 것은 큰 교훈이 아닐 수 없습니다. 역사 속에는 왕위를 양보하려 한 이야기들이 많습니다. 낭만적인 생각 같지만 나보다 더 나은 이를 찾는 일도 필요하고, 최소한 그런 마음가짐은 있어야 할 것입니다.

대통령 선거에 나오는 사람마다 대권에 도전한다고 하는데, 대권에 도전해서는 훌륭한 대통령이 될 수 없습니다. 대통령은 대권大權이 아닙니다. 큰 권력이 아니라는 것입니다. 권력을 노려서는 안 됩니다. 모두를 섬기고 힘들지만 봉사를 해야 하는 자리입니다. 제발 대통령에 나오는 이들이 대권에는 도전하지 말기 바랍니다.

내가 대통령이 되어서 누구를 거느리고, 누구 위에 군림하고자 하는 것이 아니지 않은가요? 나를 도운 이들에게 혜택을 주기 위해서 대통령이 되는 것은 아니지 않나요? 그런데 왜 무리하게 다른 이를 흠집 내고 내가 올라서려 하는가요? 왜 다른 이는 다 안 되고, 나만 적임자인가요? '나는 많이 아파하는 사람인가? 정말 대통령이 될 만한 사람인가?' 스스로에게 물어야 할 겁니다.

취미 趣味
모두가 즐겁고 부담이 없어야 하는 것

    취미는 업業을 위해서 하는 일이 아니라는 뜻입니다. 그래서 취미는 즐겁고 부담이 가지 않는 것이어야 합니다. 그야말로 스트레스가 확 풀리는 것입니다. 그런데 어떤 취미가 좋은 것이고 어떤 취미가 나쁜 것일까요? 그리고 취미에 어느 정도 빠져들어야 하는 것일까요?

    세상에는 장난으로 해서는 안 되는 일들이 있습니다. 낚시나 사냥이 '먹거리' 라는 목적을 갖지 않고, 단지 살인의 연습처럼 행해지는 것이라면 그것이 아름다운 취미일 수 없습니다.(포리스트 카터, 『내 영혼이 따뜻했던 날들』) 낚시를 하면서 사색도 하고, 잡념도 잊는다면 행복한 것입니다. 사냥을 하면서 숲으로 산으로 뛰어다니는 것은 건강한 것입니다. 그 정도면 됩니다. 굳이 한 마리라도 더 잡으려 할 이유가 없는 것입니다. 수석水石을 모으는 것이 취미인 경우에도 몇 개의 돌을 내 집에 들여놓을 정도여야지 자연을 파괴할 정도여서는 안 될 것입니다. 가져가지 말라는 돌들을 집안에 들여놓으면 더 행복한가 묻고 싶습니다.

취미에도 아름다운 목적이 있어야 합니다. 나뿐만 아니라 다른 사람도 행복해야 하는 것입니다. 무슨 광狂이 되어 가족은 나 몰라라 하는 취미는 다른 사람에게 스트레스를 주게 됩니다. 주말마다 집을 비우고 자신의 취미를 즐기는 사람은 취미의 참뜻을 모르는 것이라는 생각이 듭니다.

물 쓰듯 하다
아껴 쓰지 않으면 없어짐을 경계하는 말

'돈을 물 쓰듯 하다'라고 하면, 아껴 쓰지 않고 허투루 낭비한다는 의미입니다. 하지만 이제는 의미가 수정되어야 하지 않을까 합니다. 점점 아껴 쓰지 않으면 없어짐을 경계하는 말이 되어가고 있는 것입니다.

전에 아랍에서 온 학생에게 '물 쓰듯 하다'의 의미를 물었더니 그 학생은 무척 아껴 쓰는 것이라고 대답하여서 재미있었던 적이 있습니다. 물이 귀한 곳에서 온 학생이니 당연한 대답일 것입니다. 어릴 때 내가 제일 이해가 안 갔던 말이 물을 사 먹는 나라가 있다는 것이었습니다. 그야말로 천지 사방에 있는 것이 물인데 그것을 사 먹는다는 말이 이해가 가지 않았습니다. 그런데 우리는 수돗물을 마시지 않는 세상에 살게 되었습니다. 물 값이 기름 값보다 비싸다는 말도 있는데, 이해가 되는 말입니다.

요즘에는 한술 더 떠서 레스토랑에서 물을 따로 주문하기도 한다고 합니다. 자신이 선호하는 물을 시켜서 먹는 것인데, 그 가격이 만만치 않다고 합니다. 참 세상이 많이 변했습니다.

우리나라도 이제는 물 부족 국가라고 합니다. 뭐든지 아껴 쓰지 않으면, 모자라게 되는 것입니다. 먹는 물이 아니면 아직도 그냥 흘려보내는 양이 많은데, 아직도 우리는 물을 물 쓰듯 하는 것인가 하는 반성을 해 봅니다.

베풀다
베를 풀어 나누어 주는 것

'베풀다'는 원래 '베를 푼다'는 의미입니다. 즉, 베를 다른 이들에게 나누어 준다는 의미인 것입니다. 베가 귀하던 시절에 가난한 이에게 베를 나누어 주는 것은 쉽지 않은 일이었을 겁니다. 그래서 '베풀다'라는 말에는 따뜻함이 담겨 있습니다.

베풀다와 비슷한 의미의 한자어로 '적선을 하다'가 있습니다. 적선積善은 선을 쌓는다는 뜻으로 착한 일을 하여 자신의 공덕을 쌓는다는 것입니다. 그런데 적선이라는 말은 왠지 부정적인 느낌이 강하게 나타납니다. 옛 거지들이 '적선 한 푼 합쇼.' 하면서 달려드는 모습을 보아서인지, 적선은 동정하는 것이고, 조금은 거만하게 돕는 행위 같은 느낌이 듭니다. 허나 어휘의 뜻으로만 보면 '적선'은 좋은 것입니다. 하루하루를 살면서 착한 일을 쌓아야 하는 것입니다. 착한 일을 차곡차곡 쌓는 것은 아름다운 일입니다. 단, 남에게 적선하라는 요구는 하지 않았으면 합니다. 적선은 자신의 문제입니다.

선심을 쓰는 것도 마찬가지입니다. 선심善心이 내 맘속에 있다면 자꾸 쓰려 노력해야 할 겁니다. 마음속의 악심惡心은 없애려 노력하고 선심은 쓰려고 노력하는 것이 좋습니다. 단, 선심을 썼다고 말하면, 그 순간 선심은 교만으로 바뀌게 되니 말할 때 조심하여야 할 겁니다. 마음속으로 다짐을 해 봅니다. '내 맘속에 선심을 써서 적선을 하자. 베도 풀고, 내가 가진 다른 것도 풀어내자. 선심 쓴다는 말은 잊고.'

침을 맞다
지혜의 병을 낫게 하는 방법

'침을 맞으면 병이 낫는다.'라고 하면 당연히 한의학의 '침鍼'을 떠올릴 것입니다.

예전에 어떤 분의 이야기를 들으니 한 신흥 종교의 예배에는 신자들이 서로 앞자리에 앉으려고 새벽부터 줄을 선다고 합니다. 그 이유는 앉는 자리와 침을 맞는 것이 관계가 있기 때문이라고 합니다. 뭔 말인가 하니 앞에서 설교하는 이의 입에서 튄 침에만 맞아도 병이 낫는다는 소문이 퍼진 후로는 앞자리에 앉으려고 기를 쓴다는 것이었습니다. 침을 맞아서 병이 나았다는 이야기는 그다지 신빙성이 없지만, 이 이야기는 다른 의미에서 제게 반성을 주었습니다.

바로 앉는 자리가 중요하다는 것입니다. 침을 맞았기 때문에 병이 나은 것이 아니라, 가까이 앉았기 때문에 나은 것이라는 생각이 듭니다. 가까이 앉을수록 말하는 이의 기가 강하게 전달되었을 것이고, 당연히 더 큰 영향을 받게 되었을 것입니다. 그게 믿음이 되고, 병의 치료에도 도움을 주었을 것입니다.

식당에 가 보면 항상 가운데 자리는 비어있고 가장자리, 구석자리만 먼저 차 있습니다. 우리가 주로 찾는 자리도 그런 자리인 것 같습니다. 그 이유는 먼 옛날의 본능에서 찾을 수 있습니다. 동물을 사냥할 때, 무언가 먹고 있을 때가 잡기 쉽다고 합니다. 왜냐하면 먹는 것에 정신이 팔려서 주위에 다가오는 것에 신경을 쓰지 못하기 때문입니다. 그러한 의미에서 구석은 한 쪽만 바라보면 되는 장소이기 때문에 식사할 때 편한 장소가 되는 것입니다. 밥 먹을 때는 구석이 좋은 것입니다. 안전하고.

전에 한국어를 배우는 어떤 일본 노인께서 잡지에 글을 기고하셨는데, 지금 경희대학교 병원에 입원하고 있다고 하여서 깜짝 놀란 적이 있습니다. 어디가 아프신가 하는 걱정도 들었습니다. 그런데 그 다음 내용은 나에게 감동을 주었습니다. 오랫동안 한국어를 배우고 싶어서 마음의 병을 앓고 있었는데, 정년을 하고 드디어 마음의 병을 치료할 기회를 얻었노라. 그래서 경희대학교에

와서 유학을 하고 있으니, 경희대학교의 한국어과정이 본인에게는 병원이 아니겠냐는 말씀이었습니다.

배우고자 하는 열망도, 지혜에 대한 목마름도 병이라는 생각이 들었습니다. 그 병을 고쳐주는 곳은 학교이고, 강의실인 것입니다. 병을 고치려면 더 가까이에서 들어야 합니다. 집중하면서. 우리는 강의를 들을 때 어디에 앉는가요? 강의실에서 밥 먹을 것도 아니면서 가능한 한 구석이나 뒷자리로 숨어들지는 않는가요? 강의실에서는 우리 지식의 병이 고쳐질 수 있는 좋은 자리를 찾아야 합니다.

38

우리만 아는 선

38이라는 숫자는 우리에게 여러 가지 상념을 줍니다. 우선 관심에 따라서 '38 광 땡'이 떠오르기도 할 거고, '38선'이 떠오르기도 할 겁니다. 앞의 '광 땡'이 떠오르는 사람에게는 행운의 숫자가 될 터이고, 뒤의 분단선이 떠오르는 이에게는 깊은 아픔과 그리움의 숫자가 될 것입니다.

사실 숫자는 그저 숫자일 뿐이겠지만, 사람에게 숫자는 그 이상의 마력이 있습니다. 엘리베이터에 4자 대신 'F'를 써 놓은 것을 본 외국인이 그 이유를 이해하지 못하였다는 이야기가 있습니다. 병원에는 아예 4층이 없는 경우도 있습니다. 13이라는 숫자의 금기도 우리에게 크게 다가오지는 않습니다. 짝수를 좋아하는 문화도 있고, 홀수를 좋아하는 문화도 있습니다. 문화권에 따라 숫자의 금기가 전혀 다르니, 이를 비교해 보는 것도 재미

있는 일입니다.

외국인 학생들에게 한국어와 문화에 대해서 강의할 때의 일입니다. 북경은 북위 몇 도인지, 동경은 북위 몇 도인지, 뉴욕은 북위 몇 도인지, 하노이는 북위 몇 도인지를 물어 보았습니다. 아는 사람이 아무도 없었습니다. 서울은 37도쯤 될 거라고 그랬더니 오히려 나를 신기하게 생각하는 것이었습니다.

그런데 내가 신기한 게 맞는 일입니다. 누가 자기가 사는 도시의 북위를 기억하고 있겠습니까? 같은 한반도에 살아도 부산은 몇 도인지, 제주는 몇 도인지, 광주는 몇 도인지 알고 있는 이는 많지 않을 겁니다. 무슨 퀴즈대회가 아니라면, 굳이 기억할 필요도 없을 것입니다.

그런데 우리는 왜 기억하고 있을까요? 38선이라는 분단의 선이 너무나도 뚜렷하기 때문일 겁니다. 가끔 우리 국토를 여행하다보면 38선 휴게소가 등장하기도 하니, 과거의 일만은 아닌 듯합니다.

북위 38도를 기억하는 것은 슬픈 일입니다. 우리 민족에게 드리운 분단의 그림자이고, 이산離散의 이해할 수 없는 아픔입니다. 우리만 알고 있는 38선을 추억으로 기억할 날이 오기 간절히 바랍니다.

종교 宗敎

깨달음을 얻게 하는 가르침

        종교는 가장 높은 가르침이라는 뜻입니다. 어떤 가르침에 기대어 살고 있는 것이 종교를 갖고 있는 것이 됩니다. 그런데 종교를 묻는 것이 금기인 경우도 있습니다. 종교, 정치, 성性에 관해서 이야기하지 않는 것이 서로 다투지 않는 방법이라는 이야기도 있습니다. 종교를 물으면, 무교無敎라고 이야기하는 경우가 있습니다. 물론 무교巫敎 즉, 무속을 의미하는 것은 아닙니다.

        그런데 인도네시아의 신분증에는 종교를 쓰는 난이 있다고 해서 놀란 적이 있습니다. 종교를 밝히는 것이 당연한 국가인 것입니다. 그런데 아무것도 적지 않는 것은 안 된다는 이야기를 듣고서 당황스러웠습니다. 종교가 없는 것이 상상이 안 간다는 그 나라 사람들의 이야기를 듣고 종교에 대해서 다시 생각해 보게 되었습니다. 특별한 종교가 없는 나로서는 어떻게 할까 하는 걱정이 들었습니다. 하지만 종교가 없다는 것은 얼마나 교만한 일인가 하는 생각도 들었습니다. 자기 자신을 믿는다고 허세를 부리는 사람들도 있는데, 교만함이 하늘을 향해 뻗쳐가고 있는 모습을 보게 됩니다. 종교가 없는 것이 아니라 아직 없는 것이고, 아직 모르는 것이라는 생각이 듭니다.

종교가 다툼의 원인이 되는 것은 안타까운 일입니다. 가장 높은 가르침을 얻고자 하는 사람들이 자기가 받고 있는 가르침이 서로 높은 것이라고 우기는 것은 답답한 일입니다. 기독교는 믿음의 종교이고, 불교는 물음의 종교라는 이야기를 본 적이 있습니다. 우리나라의 대표적인 두 종교를 잘 비교한 이야기라는 생각이 들었습니다. 그러나 한 가지를 덧붙인다면 둘 다 깨달음을 위한 믿음과 물음이 아닐까 싶습니다. 어리석은 몇몇 사람을 보고 그 종교를 판단하는 것도 위험한 일입니다. 어떤 종교에서 경지에 도달하신 분을 만나면, 내가 그 종교를 함부로 판단했다는 반성이 생길 것입니다.

다른 이의 종교를 바라보면 오히려 내가 모르던 가르침을 얻게 되어 기쁜 경우가 있습니다. 다른 종교가 있다는 것이 종종 고마운 일이 되기도 합니다. 세상을 돌아보면 나를 깨우는 큰 가르침들이 참 많습니다. 배우면 배울수록 기분이 좋아집니다.

듣다
듣고 싶은 것만 듣는 것

기찻길 옆 오막살이에서 잠을 자는 아이가 기차소리를 계속해서 관심 기울여 듣게 된다면 잠을 이룰 수 없을 겁니다. 가끔씩 우리는 주변의 소리를 잊고 삽니다. 시각이나 후각에 비해서 청각은 듣고 싶은 것만 가려서 듣는 것이 아닌가 하는 생각이 듭니다. 텔레비전 소리도 주의를 기울이지 않으면 소음에 불과하고, 카페의 노랫소리도 이야기를 하다보면 하나도 들리지 않습니다. 청각은 참으로 신기한 것 같습니다. 그렇지만 잠이 오지 않는 밤에 들리는 시계소리는 귀를 막아도 얼마나 째깍거리며 나를 괴롭히던가요.

'내 말 잘 들어봐'라는 말에는 '이해'를 바탕에 깔고 있습니다. '말을 잘 듣는다'라는 말에는 '행위'를 바탕에 깔고 있습니다. 단순히 알아듣기만 한다면, 말을 잘 알아듣는 것이 아닙니다. 말을 듣고 움직이지 않는 것만큼 답답한 노릇도 없을 겁니다.

그런데 재미있는 것은 '손이 말을 안 듣는다'거나 '기계가 말을 잘 안 듣는다'라는 말을 한다는 것입니다. 우리나라 사람들은 사람만이 듣는 것이 아니라 신체의 일부도, 기계도 다 듣는다고 생각한 것 같습니다. 내 뜻대로 안 되는 것을 말을 안 듣는다고 표현한 것입니다. 아이가 말을 안 듣는 것도, 학생이 말을 안 듣는 것도, 손이 말을 안 듣는 것도, 기계가 말을 안 듣는 것도 다 이유가 있을 겁니다. 듣고 싶어야 더 잘 들린다는 것은 깨달음을 줍니다. 나의 이야기하는 방식, 들려주는 방식을 되돌아봅니다.

부드럽게 이야기한다면 그것은 귓등을 흘러가는 소음이 되지 않을 것입니다. 내 말소리에 귀를 기울일 수 있도록 내 입 밖을 나서는 말들을 들여다봅니다. 조심스레.

죄스럽다
나를 부끄럽게 만드는 감정

죄를 느끼는 것을 죄스럽다고 합니다. '-스럽'은 느끼는 감정의 의미를 덧붙일 때 쓰입니다. 탐하고 싶은 것은 '탐스럽고', 멋이 느껴지는 것은 '멋스럽고', 여성의 느낌, 남성의 느낌이 강하게 풍겨 나오면 '여성스럽다, 남성스럽다'라고 합니다. 정성스럽고 자연스러운 것도 다 그런 의미입니다.

그런데 죄스럽다는 말을 보면서 우리는 죄가 아닌 것에도 죄스럽다는 말을 쓰는구나 하는 생각이 들었습니다. 죄를 저지르고 느끼는 감정인 '죄책감'과는 의미가 다른 말인 것입니다. '죄책감은 우리의 마음 깊은 곳에서 스스로에게 내리는 처벌이다.(아잔 브라흐마, 『술 취한 코끼리 길들이기』)'라는 말은 죄책감에 대해서 다시 생각하게 합니다. 죄책감은 자신의 죄에 대한 형벌의 성격이 있는 것입니다. 벌을 받아야 한다면 받아야 하겠죠.

'속죄贖罪'라는 단어는 재물을 바쳐 자신의 죄를 용서받는다는 의미입니다. '속죄양'은 양을 속죄의 재물로 바친다는 것이지요. 그런데 자신의 죄를 양에게 뒤집어씌우는 것이라는 느낌이 들어서 속죄양이라는 단어가 아름다워 보이지는 않습니다.

많은 종교에서는 신도들이 자신의 죄를 씻을 수 있게 하기 위해 노력을 합니다. 종교는 죄책감을 잊게 하는 역할을 하는 것 같습니다. 죄의식으로 평생을 산다면 행복할 수 없기 때문입니다. '원죄'도, '업보'도 그런 이유에서 생긴 것이 아닐까 하는 생각을 해봅니다. 고해성사도 그래서 하는 것일 겁니다. 어쩌면 친한 친구가 필요한 것도 내 고백을 들어줄 사람이 필요해서일 것입니다. 그런데 죄스러움을 이기는 방법, 죄책감을 없애는 가장 좋은 방법은 다른 이에게 기대는 것이 아니라 직접 행동하는 것이라는 생각이 듭니다.

죄스러움은 죄를 직접적으로 저지르지 않았을 때도 느끼는 경우가 많습니다. 그래서 나는 죄스러움이라는 단어가 가슴이 아프고, 또 좋습니다. 밥을 먹을 때, 굶는 아이들의 모습이 텔레비전에 비치면 왠지 죄스럽습니다. 혼자 행복을 누릴 때 우리는 왠지 죄스럽다는 말을 합니다. 나의 행복에는 다른 사람의 눈물이 묻어 있을지도 모르는 것입니다. 우리는 그래서 죄를 저지르지 않았어도 죄스러움을 표하는 것입니다. 부모님께 잘 못해 드려서 죄스럽고, 아이를 잘 못 키워서 죄스럽습니다. 우리에게는 죄스러운 일이 참 많습니다. 나의 죄스러운 일들을 돌아봅니다.

약속 約束
스스로를 묶어 놓는 생각, 결심

약속約束은 묶는다는 뜻입니다. 약속은 스스로를 묶어 놓는 결심들입니다.

예전에 본 TV 프로그램의 기억이 오랫동안 잊혀지지 않습니다. '아빠 휘파람을 부세요'라는 프로그램으로 기억하는데 그 프로그램은 고생하는 아빠에게 가족들이 비디오로 영상 편지를 보내 기쁘게 한다는 그런 내용이었습니다.

제 기억 속의 영상 편지는 이렇습니다. 수술 후 7년간 집 밖을 나서지 못하는, 그래서 집안 대소사에도, 명절에도 가 볼 수 없어서 죄스러운 아내의 영상 편지였습니다. '7년 동안 맏며느리 노릇 못하는 나에게, 아내 노릇 제대로 못하는 나에게 짜증 한 번 내지 않아서 고맙다.'는 내용이었습니다. '7년 간 짜증 한 번 내지 않았다.' 가슴을 울려오는 말이었습니다. 가능할까 싶었습니다. 어떻게 짜증을 내지 않을 수 있냐고 남편에게 묻자, 남편은 수술실 앞에서 살려만 주면 뭐든지 아내를 위해서 다하겠다고 울며 기원한 약속을 지키는 것이라고 했습니다. 우리는 급할 때 한 약속은 더 쉽게 어기게 됩니다. 이미 급박한 사정이 사라졌기 때문이겠죠.

그동안 급할 때 했던 약속들을 떠올려 봅니다. 그 고마웠던 마음들이 떠올라 마음을 묶습니다. 또한 사랑하는 사람들과 한 약속들은 가슴속 가까운 곳에서 항상 꺼내보며 살아야 하겠습니다. 잘 간직하고 지키겠습니다. 또한 아이들이, 아내가 아플 때 했던 기원들을 생각해 봅니다. 약속은 다른 사람을 꽁꽁 묶어 놓는 것이 아니고, 스스로를 묶어 놓는 것입니다. 기쁜 마음으로.

수우미양가 秀優美良可

못난 사람은 없다는 뜻

영어 시험에서 'Good'이라는 평가를 받으면 '보통'이라는 뜻이라고 합니다. Good을 보고 잘 했다고 생각하면 안 된다는 겁니다. 사실 보통이라는 말도 그리 나쁜 의미는 아닌데, 보통이라는 평가를 받으면 무척 부끄러운 결과로 생각하게 되는 것 같습니다. 초등학생들의 평가 내용을 살펴보면 '보통'의 느낌을 알게 될 겁니다.

설문지들의 내용을 보면 '아주 좋음, 좋음, 보통, 나쁨, 아주 나쁨' 정도의 단계로 나눠 놓는 경우가 많은데, 보통에 표시하면 사실 마음에 들지 않는다는 의미가 되는 것입니다. '좋지 않다'의 의미가 우리 머릿속에는 이분법적으로 자리하고 있기 때문입니다.

평가의 등급을 보면서 많은 생각을 하게 됩니다. 아예 대학처럼 'ABCDEF'로 표시하고 거기에 플러스, 마이너스로 정교함을 더할 수도 있겠죠. 하지만 무엇을 위한 평가인가 생각하면 답답함이 있습니다. 단순히 구별 짓기 위한 것이라는 생각입니다. 학생을 평가하는 것이 순전히 줄을 세우기 위한 것이라니 참 세상이 갑갑합니다. 요즘에는 대학에서도 절대평가는 믿지 못하겠다고 상대평가를 요구하는 경우가 많습니다. 다 열심히 잘하였더라도, 다른 사람보다 좀 부족하면 못난 사람이 되는 것이죠. 이게 정확한 평가인지 의심스럽습니다. 남보다 무조건 나아야 한다고 가르치는 교육이 옳은 것인지 의심스럽습니다.

'수우미양가'의 의미를 '수'는 아주 좋은 것으로, '가'는 아주 나쁜 것으로 생각하고 있었습니다. 그런데 어느 날 한자를 들여다보고, 평가에 대한 그간의 태도를 반성하게 되었습니다. 수秀는 뛰어나다, 우優는 우수하다, 미美는 아름답다, 양良은 좋다, 가可는 가능하다 정도의 의미를 나타냅니다. 어느 것 하나 나쁜 의미가 없습니다.

영어의 Good도 좋은 겁니다. 애써 달리 생각할 필요는 없습니다. 학생의 가치를 평가하는 내 마음을 살펴봅니다. '너는 못났다, 너는 나쁘다'라고 쉽게 규정짓는 것은 아닌지, 평가에 따뜻함은 있는지 답답한 마음으로 생각해 봅니다.

| 제 3 부 |

문화로 만나다

구수하다

익숙해져야 알 수 있는 맛

구수하다는 말은 다양한 장면에서 쓰입니다. 물론 가장 많이 쓰이는 장면으로는 우리의 전통적인 음식을 먹을 때일 것입니다. 다른 언어의 어떤 말로도 번역하기 어려운 표현이라고 할 수 있습니다. 된장찌개가 구수하고, 숭늉도 구수합니다. 이러한 맛에 익숙해지기 전까지는 아무리 설명해도 그 맛을 알 수 없을 것입니다. 또한 우리가 구수하다는 말을 쓰는 상황으로는 사투리가 구수하다든지, 민요 한 자락이 구수하다든지 하는 경우도 있습니다. 징하게, 억수로 재미나게 이야기하는 사투리를 들으면, 그 토속적인 느낌에 구수하다는 말이 절로 나오는 것 같습니다. 걸지게 넘어가는 민요 한 자락에 구수한 막걸리가 빠질 수 없을 것입니다. 구수한 것은 자연스러운 것이고 몸에 배어 있는 우리의 미학인 것입니다.

구수하다는 것은 순박, 순후한 데서 오는 큰 맛이라고 우리의 미학을 설명하는 고유섭 선생의 말(권영필 외, 『한국의 미를 다시 읽는다』)은 우리의 미학을 돌아보게 만듭니다. 또한 비슷한 단어로 '고수하다'가 있습니다. '구수한 것은 접함으로써 그 풍도에 서리게 되나 이 고수한 맛이란 씹고 씹어야 나오는 맛이다.'라는 말에서 한국의 미를 다시 생각해보게 됩니다. 고수하다는 단어는 고소하다고 이야기하는 맛과는 차이가 있는 것입니다. 고소함에는 가벼움이 느껴지지만 고수함에는 그러한 가벼움이 없습니다. 구수하면서도 여러 번 씹을수록 새로운 맛이 나오는 고수함이 있는 아름다움이 우리를 편안하게 만드는 미학이 아닐까 합니다.

   구수한 음식을 먹으며, 구수한 소리를 들으며, 구수한 이야기를 도란도란 나누는 모습은 생각만 해도 정겹습니다.

시원하다

탁 트이게 만드는 느낌

'시원하다'는 말은 차가운 느낌을 의미하는 것은 아닌데, 우리는 차가운 것으로 오해하는 경향이 있는 것 같습니다. 할아버지가 목욕탕에 가서 열탕에 들어가면서 시원하다고 하니까, 차가운 물인 줄 알고 따라 들어간 손자가 깜짝 놀라며 '믿을 놈 하나 없다고' 했다는 우스갯소리는 기실 '시원하다'의 의미를 '차갑다'로 해석하였기 때문입니다.

우리는 시원하다는 말을 주로 날씨에 사용하는 것 같습니다. 특히 바람이 불어 몸도 마음도 탁 트이는 것을 느낄 때, 바람이 참 시원하다는 말을 하곤 합니다. 하지만 '속이 다 시원하다'는 말에서처럼 어떤 막혀 있던 일이 해결되었을 때도 우리는 시원하다는 말을 쓰게 됩니다. 또한 뜨거운 음식을 먹을 때도 시원하다는 말을 하는데, 이 말 역시 차갑다는 것이 아니라 속이 탁 트이는 것 같다는 의미입니다. 노래를 '참 시원시원하게 부른다'라는 말도 거침없이 열창하는 모습을 일컫는 말입니다. 우리는 시원시원하게 일을 한다는 말도 하고, 시원스럽게 생겼다는 말도 합니다. 모두 대범하고 거리낌 없는 모습들을 나타내는 말인 것입니다.

'시원하다'라는 말은 우리 민족이 정말 좋아하는 단어입니다. 얼마나 좋아하는지를 잘 나타내는 표현이 바로 '시원치 않다'입니다. 시원치 않다고 할 때는 불만족스러움을 나타내는 것입니다. 우리는 무언가 일이 남아있는 것 같고, 꺼림칙할 때, 깨끗하게 끝나지 않았을 때 시원치 않다는 말을 합니다. '시원치 않은 놈'이라는 말은 심한 욕이 됩니다. 뭔가 모자란다는 의미가 되기 때문입니다.

모든 일들이 시원스럽게 이루어져서 모두들의 속이 시원해지기 바랍니다.

고전 古典

우리를 받치고 있는 자부심

　　　　화법에서 자신의 의견을 말할 때 사용하는 방법 중의 하나가 유명한 글귀를 이용하는 것입니다. 격언이나 고전의 내용을 인용하면서 자신의 의견을 펼치는 것입니다. 앞서 간 분들의 핵심을 찌르는 말 한 마디는 어쭙잖은 생각 백 마디보다 선명한 느낌을 주기도 합니다. 하지만 우리가 이야기할 때 격언은 그렇다 치고, 자주 인용하는 우리의 고전이 있는지 생각을 해 봅니다.

　　　　후진타오 중국 주석이 미국을 방문했을 때, 묵자의 말을 인용하고, 이백이나 두보의 시를 읊고, 손자병법을 선물로 주는 것을 보았습니다. 그것은 단순히 말이 아니고, 책이 아닐 것입니다. 자신의 뒤를 받치고 있는 큰 산이고 자부심일 것입니다. 중국이 가지고 있는 정신적 자산을 자연스레 보여 주고 있었던 것입니다.

우리나라의 지도자들은 우리 고전 중에 어떤 부분을 인용하며 이야기할까 궁금해졌습니다. 그리고 어떤 시의 한 구절을 읊으며 다른 이를 설득하려 할까 하는 의문이 생겼습니다. 외국 사람을 만날 때, 다산 선생의 목민심서를 선물하면 어떨까 하는 생각도 해 보았습니다.

외국 사람들은 우리나라 지폐에 정치가들이 들어있지 않고, 율곡 선생이나 퇴계 선생 그리고 학자로서의 세종대왕이 있는 것을 보고 놀라워합니다. 학문에 대한 우리의 자부심을 보여 주는 것이라고 할 수 있겠습니다. 그러나 우리는 퇴계 선생의 글을 알지 못하고, 율곡 선생의 글을 알지 못합니다. 그들의 철학적인 이론에 대해서도 간략한 설명이 어렵습니다. 다산 정약용에서 대해서 존경을 표시하고 있지만, 실제로 다산의 글을 제대로 배워 본 적이 없습니다. 당연히 우리의 연설에는 우리 고전에 대한 인용이 없습니다.

일본의 경우에도 고전에 대한 공부는 무척 열심인 것 같습니다. 일본 서점에서 만난 많은 고어사전이 고등학생용인 것을 보고서 놀란 적이 있습니다. 청소년기에 만난 고전이 삶의 지침이 될 수 있습니다. 옛글을 읽어내는 능력과 옛글을 마음속에서 되새기는 자세를 가진 청소년에게서 깊이를 찾을 수 있습니다. 옛것을 알지 못하고 새로운 것을 이야기하기 어려울 것입니다. 고전을 읽지 않고, 현실적인 것에만 관심을 갖는다면, 깊이 있는 사고는 먼 이야기일 수밖에 없습니다. 청소년에게도 묻습니다. 지금 마음속에 새기고 있는 문장은 무엇인지, 우리 고전 중에서 두고두고 보고 싶은 책은 무엇인지 묻고 싶습니다.

고등학교에서 고문에 관한 관심이 적어지고 있다는 국어교육학자들의 근심을 들은 적이 있습니다. 중세 국어의 문법이 어렵다고 가르치지 않고 배우지 않는 것은 우리의 가치를 잃어버리는 일입니다. 또한 한문으로 쓰인 고전에 대한 공부도 필요합니다. 한자가 주요한 표기 수단이던 시절의 글들을 그저 남의 나라 일로 보는 것은 아닌지 모르겠습니다. 분명히 그 글에는 우리 선조들의 사고가 들어있습니다. 입시의 한 과목으로서만이 아니라, 깨달음과 자부심의 도구로서 고전은 매우 중요한 것입니다. 학교 교육 속에서 고전의 가치가 더욱 높아지기 바랍니다.

뒤지다

떠나온 곳을 향해 떠나는 여행

'뒤지다'는 죽었다는 말의 비속어입니다. '누가 뒤졌다'는 말을 하면 기분 좋게 들리지 않으며, 잘 죽었다는 생각까지 담겨 있다는 생각을 하게 됩니다. 그러나 '뒤지다'라는 말은 죽음에 대한 우리의 생각을 보여 주고 있는 중요한 단어입니다. 뒤지다와 비슷한 말로는 '등지다'가 있습니다. '등지다'라는 말은 '세상을 등지다'와 같이 쓰여 죽음을 나타내는 표현입니다. 옛말에는 북녘 북北을 '뒤 북北', 등 배背를 '뒤 배'라고도 하였습니다. 사실상 '등'과 '뒤'는 같은 의미가 됩니다. 등 쪽이 뒤쪽인 셈입니다. 또한 뒤쪽이 북쪽의 의미가 됩니다. 뒤쪽이 북쪽이 되는 것은 우리 민족의 이동 경로를 말해 주는 것이기도 합니다. 북방에서 이동해 왔기 때문에 북쪽은 늘 뒤쪽일 수밖에 없는 것입니다.

세상을 등졌다는 말로 현재 살고 있는 곳을 떠난다는 의미를 갖고 있습니다. 현재 우리가 이주해 있는 곳이 남쪽이니, 북쪽으로 갔다는 의미가 될 수 있습니다. '뒤지는' 것도 마찬가지로 이 세상을 뒤에 두고 떠난다는 의미입니다. 죽으면 북망산北邙山으로 간다는 말도 하는데, 모두 귀소본능歸巢本能을 보여 주는 말입니다. '죽다'를 완곡하게 표현하는 말인 '돌아가시다'도 우리가 떠나온 고향을 찾아간다는 의미를 담고 있습니다. 죽는 것이 아니라, 고향으로 돌아간다는 의미입니다.

추석 秋夕
길어져야 할 우리 명절

가을 저녁이라는 의미를 가진 우리들의 대표적인 명절입니다. 우리 명절에는 설날도 있고, 단오도 있고, 동지도 있지만 아무래도 대표적인 명절은 추석이라고 할 수 있습니다. 끊임없는 귀성 행렬도 설보다는 추석이 긴 것 같습니다. 삼 일간의 연휴지만 종종 개천절이 끼거나 주말을 잘 피하면, 추석은 더 길어지기도 합니다. 말하자면 재수에 맡겨야 합니다. 재수가 좋으면 귀성, 귀경 전쟁도 없고 재수가 없으면 도로는 그대로 주차장이 됩니다.

휴일을 늘이지 못하는 여러 가지 이유가 있겠지만, 큰 회사나 대학은 알아서 공휴일을 늘입니다. 사원이나 학생들의 불편함을 덜어 주려는 것이겠죠. 배려가 느껴집니다. 하지만 이러한 경우가 아니라면 추석은 마음이 바쁜 날이 되고 맙니다.

설날을 중국에서는 춘절春節이라고 하는데, 이 날은 세계적으로 유명한 중국의 축제가 되었습니다. 중국의 설날로 기리고 있는 것입니다. 하지만 중국 사람들도 추석에 월병을 먹고 즐기기도 하지만, 한국 사람처럼 지내지는 않습니다. 설날에는 일주일 이상, 어떤 때는 보름까지 쉬는 사람들도 많은데, 추석은 그렇지 않습니다.

나는 추석을 우리를 대표하는 명절로 삼자는 생각을 해 봅니다. 추석을 한국의 전통적인 명절로 세계인에게 기억하게 하는 겁니다. 추석에 많은 지역별 축제도 열고, 대대적으로 달 보고 소원 빌기 행사도 열고, 소싸움도 거북놀이도 하는 겁니다. 한국을 방문하는 사람도 많아지게 될 것입니다. 그리고 해외로 빠져나가는 사람들의 숫자도 적어질 겁니다.

재수에 맡겨서 추석을 준비하지 말고 추석이 속한 주를 한 주 정도는 즐기게 할 필요가 있습니다. 이는 단순히 쉬는 시간이 아니라, 재충전의 시간이 될 것이고, 가족의 의미와 효의 의미를 되새기는 시간이 될 것입니다. 그뿐만 아니라 지역마다 경제를 살릴 수 있는 시간이 될 겁니다. 추석이 길어지면 자연스럽게 여행이 늘어납니다.

또한 해외의 관광객을 유치하는 데도 큰 도움이 될 것입니다. 우리나라에서 가장 날씨가 좋은 계절인 가을, 그 저녁에 세계인을 불러 모아 한바탕 축제도 열고, 효와 가족의 소중함도 일깨워 준다면 얼마나 좋을까 생각해 봅니다. 한국인의 문화 중에서 '효'는 세계인도 부러워하는 것이라고 합니다. 차례를 지내는 모습을 보여주고, 성묘하는 모습을 보여준다면 좋은 추억이 될 것이며, 좋은 깨달음이 될 것입니다.

한가위. '더도 말고 덜도 말고 한가위 같기만 해라.' 라는 말은 우리가 한가위를 얼마나 소중히 여겨 왔는지를 보여줍니다. 풍성하고 기쁜 한가위가 길어지기 바랍니다.

몽골 Mongol
용감한 사람들

몽고라는 옛 이름으로 우리에게 잘 알려진 나라 몽골은 여러 가지 점에서 우리와 공통점들이 나타납니다. 어떤 몽골 사람은 우리보다 더 우리처럼 생겼다는 생각을 하게 됩니다.

우리는 한자로 된 몽고라는 이름을 자주 부르게 되는데, 몽골 사람들은 몽고라는 이름을 좋아하지 않습니다. 왜냐하면 몽고蒙古는 어리석고 오래된 사람이라는 뜻이기 때문입니다. 한족漢族들이 다른 민족을 부르는 말에는 그들의 느낌과 편견이 담겨 있었습니다. 흉노匈奴는 오랑캐 노예라는 뜻이고, 북적北狄이나 남만南蠻도 모두 오랑캐, 야만인을 뜻하는 말입니다. 우리가 그나마 좀 낫다고 위안하는 동이東夷에도 오랑캐의 의미는 있는 게 사실입니다. 큰 활을 메고 다녀도 오랑캐는 오랑캐니까요.

다른 사람이 부르는 방식으로 우리도 덩달아 부름으로써 상대를 기분 나쁘게 할 필요는 없을 것입니다. 우리는 미국을 부를 때 쌀 미米로 표현하지 않고, 아름다울 미美로 표현합니다. 쌀에는 경제적인 의미가 강할 것이나, 아름다움에는 경제적인 의미가 없습니다. 일본에서는 미국을 '米國'으로 표현하는데, 미국인들에게 물어보니 쌀보다는 아름답다는 말이 훨씬 듣기가 좋다고 합니다. 이름은 그들이 듣고 싶어 하는 느낌으로 불러 주는 것이 좋다는 생각입니다.

몽골은 용감한 사람이라는 뜻입니다. 용감한 사람을 어리석은 몽고 사람으로 부르니 좋아할 턱이 없을 겁니다. 몽골의 용맹스러움을 기억하면서 우리 주변의 몽골 사람들을 만나야 하겠습니다.

국물도 없다
국물도 우리에게 중요한 문화

'국물도 없을 줄 알라'는 말은 굉장한 협박입니다. 탕이나 국에서 건더기는 고사하고 국물도 주지 않겠다는 말이니, 돌아가는 이득이 전혀 없다는 의미가 되는 것입니다. 국물도 없었다는 말도 아무런 혜택을 받지 못했다는 의미가 됩니다. 그런데 이렇게 국물이라는 단어가 이득의 의미가 되는 것은 흥미롭습니다.

한국어에서 재미있는 말 중의 하나가 '국물도 없다'는 말입니다. 한국의 음식문화의 특징을 이야기하면 '국' 문화라고 할 수 있습니다. 우리는 국, 탕, 찌개가 발달한 민족입니다. 서양의 수프 문화와는 근본적으로 비교가 안 된다고 할 수 있습니다.

우리는 매일 콩나물국, 시금치국, 된장국, 무국, 고깃국 등을 먹으며 종종 해장국이나 북어국이나 개장국이 필요한 날도 있습니다. 생일이면 미역국을, 추석이면 토란국을, 설날이면 떡국이나 만둣국을 먹습니다. 국 없는 우리는 정말 상상하기 어렵습니다. 전통적인 식탁을 보면 항상 밥과 함께 국이 등장합니다. 밥과 국을 놓는 순서가 중요한 것도 국이 필수적이기 때문입니다. 제사상에서도 국은 중요한 역할을 합니다.

갈비탕, 설렁탕, 감자탕, 매운탕, 내장탕 등 우리가 자주 먹는 탕의 종류도 엄청나게 많은데, 여기에도 '탕물'이 아닌 국물이 있습니다. 김치찌개, 된장찌개, 동태찌개, 부대찌개, 섞어찌개 등 우리가 자주 먹는 찌개들에도 국물이 있습니다. 우리는 찌개물이 아니라 국물이 얼큰하다는 말을 하곤 합니다.

이렇듯 국이 발달하였기 때문에 우리의 특징적인 문화라 할 수 있는 '숟가락' 문화도 발달하게 된 것입니다. 우리는 밥을 국에 말아 먹는 경우가 많은데, 이 경우 숟가락 없이 식사가 어려워집니다. 일본이나 중국의 경우에는 오히려 밥에 국을 덜어 먹는 방식을 택하게 됩니다. 이런 경우에는 젓가락으로 식사하는 것도 가능하게 됩니다. 하지만 국에 밥을 말았을 경우에는 아무리 밥그릇을 들고 식사한다고 하여도 젓가락으로 식사하기는 거의 불가능한 것이 사실입니다.

국은 서양식에서 식사 전에 잠깐 등장하는 수프와는 차원이 다릅니다. 양식을 먹을 때 당황스러운 것 중의 하나가 숟가락을 수프 먹은 후 가져가는 것인데, 그 이유는 우리는 숟가락이 언젠가 다시 쓰일 거라 생각하기 때문입니다.

건더기가 없더라도 우리는 국을 먹고 싶어 합니다. 국물이라도 우리에게는 중요한 것입니다. '국물도 없다'는 말에는 우리의 문화가 담뿍 담겨 있습니다.

누워서 떡 먹기

잘 생각해 보아야 쉬운 일

'누워서 떡 먹기'라는 속담을 가르치면 외국 학생들은 그게 어떻게 쉽다는 의미가 되느냐고 의아해 합니다. 한국 사람들에게 물어 봐도 누워서 떡먹기가 매우 힘들 것이라고 고개를 젓곤 합니다. 그래서 난 왜 '누워서 떡 먹기'가 매우 쉽다는 의미일지 늘 궁금했었습니다.

사실 우리 속담에 쉬운 것처럼 되어 있는 행위들은 생각해 보면 여간 어려운 일들이 아닙니다. 예를 들어 땅 짚고 헤엄치기도 쉬운 수영 방법은 아닙니다. 속도도 도무지 나지 않을 것입니다. 여차하면 물만 먹기 십상입니다. 식은 죽 먹기도 빨리 먹을 수는 있을지 모르나 맛있게 먹을 수는 없을 것입니다. 누가 쉽게 먹으려 맛없게 먹는 법을 택할까요?

누워서 떡 먹기는 그야말로 도저히 이해가 안 되

는 쉬운(?) 행위라고 할 것입니다.

　　그런데 그 궁금증을 카자흐스탄에서 풀게 되었습니다. 국립국어원의 정호성 선생님과 카자흐스탄의 한국교육원에 한국어 교수법 특강을 간 적이 있었는데, 그 때 그 곳에서 카자흐스탄의 한국어 교육열도 느끼고, 이 수수께끼도 풀게 된 것입니다.

　　한 한국 식당에 갔을 때의 일입니다. 카자흐스탄 사람들이 한국 식당을 자주 찾는 경우가 있다고 하는데, 그 이유가 식탁이 아니라 바닥에 앉아서 식사를 하는 것이 좋아서라는 이야기를 들었습니다. 저도 카자흐스탄 사람들이 한국 식당에서 식사하는 모습을 볼 기회가 있었습니다. 그런데 가만히 살펴보니 방석을 한 쪽으로 쌓아놓고 기대며 옆으로 누워 있는 것이었습니다. 그렇게 옆으로 누운 채로 음식을 먹는데, 전혀 힘들어 보이지 않았습니다. 예전에 우리나라 양반들도 옆으로 비스듬히 누워서 떡을 먹곤 하던 모습이 떠올랐습니다. 가장 편한 자세로 떡을 먹는 것이 바로 옆으로 비스듬히 누운 것을 의미하는 것이었습니다. 반듯이 누워있는 장면만 상상했으니 당연히 쉬워 보이지 않았겠구나 하는 생각이 들었습니다.

참으로 고정관념이라는 것이 무섭습니다. 옆으로 눕는다는 것 자체를 떠올리지 못했으니 말입니다. 내 언어의 감옥 속에 갇혀있는 고정 관념들을 봅니다.

새끼손가락
여러 의미가 담긴 표현

'새끼!'라는 말은 기분 나쁘게 들리는 단어이지만, 새끼손가락에 쓰일 때는 아주 정겹게 느껴집니다. 손가락 명칭 중에서 새끼손가락만 순 우리말로 되어 있어 흥미롭습니다. 중지를 가운데 손가락이라고 하기는 하지만 '엄지, 검지, 약지'는 순 우리말 이름을 잃어 가는 듯합니다. 엄지의 '지指'도 한자로 볼 수밖에 없기 때문입니다.

새끼손가락은 보통, 약속이나 애인을 의미하는 신체언어로도 쓰이고 있습니다. 그런데 인도 같은 나라에서는 소변이 마렵다는 의미로 새끼손가락을 들곤 합니다. 새끼손가락을 들면, 화장실에 가고 싶다는 의미가 되는 것입니다. 그런데 한국 사람들이 애인이 있냐는 의미로 잘못 받아들이는 경우가 있어서 웃지 못할 상황이 되기도 한다고 합니다. 한국에서 파견된 한국어 교수가 수업 시간에 뒤에서 새끼손가락을 들어 신호를 보내는 인도 여학생을 자기에게 관심을 나타내는 것으로 착각하여 계속 외면만 하였다고 합니다. 그 여학생은 진짜 사색이 되었다고 하는데 이해가 되는 일입니다. 소변이 마렵다고 직접 말하는 것이 어려워 만들어 낸 신체언어일 겁니다.

중국에서는 엄지와 검지를 조금 뗀 모습을 화장실의 의미로 사용하기도 하는데 그 모양이 영어의 WC를 닮았기 때문이라고 합니다. 중국에서 새끼손가락은 작은 것을 의미하기도 합니다. 새끼손가락은 언어에 따라 문화에 따라 많은 의미를 담고 있습니다.

김해 金海

쇠의 바다, 가야를 알게 하는 곳

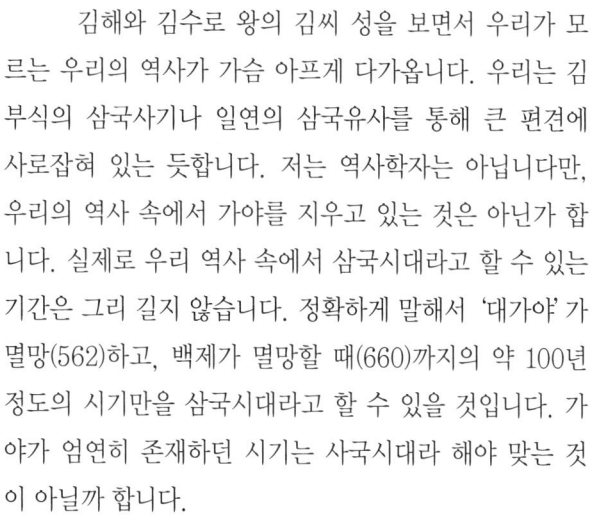

　　김해와 김수로 왕의 김씨 성을 보면서 우리가 모르는 우리의 역사가 가슴 아프게 다가옵니다. 우리는 김부식의 삼국사기나 일연의 삼국유사를 통해 큰 편견에 사로잡혀 있는 듯합니다. 저는 역사학자는 아닙니다만, 우리의 역사 속에서 가야를 지우고 있는 것은 아닌가 합니다. 실제로 우리 역사 속에서 삼국시대라고 할 수 있는 기간은 그리 길지 않습니다. 정확하게 말해서 '대가야'가 멸망(562)하고, 백제가 멸망할 때(660)까지의 약 100년 정도의 시기만을 삼국시대라고 할 수 있을 것입니다. 가야가 엄연히 존재하던 시기는 사국시대라 해야 맞는 것이 아닐까 합니다.

　　김해 김씨에게 '김金'은 특별한 의미가 됩니다. '김해'라는 지명을 보면, 쇠와 바다를 만나게 됩니다. 가야는 쇠와 바다를 지배하였던 국가였던 것입니다. 그래서 성에도 김을 쓰게 된 것입니다. 왜, '성 김'이 '쇠 금'과 같은 글자일까에 대한 해답은 바로 철기 문명에 있다는 생각입니다. 일설에 의하면 '금金'이 '목木'의 상극이 되기 때문에 조선의 이씨 왕조가 원래 '금'씨였던 성을 '김'으로 바꾸어 부르게 하였다는 이야기도 있습니다.

　　우리는 가야에 대해서 그다지 아는 바가 없습니다. 저는 가야를 4국시대의 한 주역으로 기억했으면 합니다. 가야는 바다와 쇠를 지배한 국가였던 것입니다. 가야는 잊혀서는 안 되는 우리의 소중한 역사입니다.

칠성님 七星

우리 조상의 고향

우리 민족의 전통적인 종교는 무엇일까? 샤머니즘이나 무속 등을 전통적인 종교의 형태로 제시하기도 하고, 고구려의 동맹, 예의 무천, 부여의 영고 등에서 보이는 제천의식을 전통적인 종교로 이야기하기도 합니다.

우리 민족의 종교, 기복행위를 엿볼 수 있는 단서를 나는 어스름한 밤중에 하늘을 향해 빌고 있는 어머니나 할머니의 모습에서 찾습니다. 어머니께서 하늘을 향해 빌고 있는 모습을 가만히 보면, 양손을 마주대고 돌리면서 고개를 숙이며 기원을 합니다. 이러한 신체언어를 사용하는 민족을 거의 찾을 수 없는 것으로 봐서 아주 전통적인 우리의 행위라고 볼 수 있을 것 같습니다. 이때 비는 대상은 누구일까요? 바로 칠성님, 북두칠성께 빌고 있는 것입니다. 왜, 북두칠성일까요?

사실 우리는 알게 모르게, 북두칠성에 둘러싸여서 살고 있습니다. 절에 가도 부처님을 모신 대웅전 위쪽으로 칠성각이 있습니다. 산신각과 함께, 전통적인 신앙이 불교와 절묘하게 만나 있는 것입니다. 우리의 종교를 사악하게 취급하지 않고 함께 모셔 놓은 것으로 불교가 토착화하는 과정을 보여 주는 것입니다. 또한 우리가 죽어 관에 들어갈 때 바닥에 놓는 판을 칠성판이라고 하는데, 우리는 칠성판에 실려 북두칠성으로 가고자 하는 것입니다. 예전부터 우리의 유적에는 북두칠성이 곳곳에 남아 있습니다. 함안 고인돌에도 북두칠성이 새겨져 있고, 화순 운주사에도 북두칠성이 신비롭게 남아있습니다.

다시 묻고 싶습니다. 왜, 북두칠성인가요? 우리 민족의 기원을 바이칼 호수 쪽에서 이동해 온 것으로 보는 견해가 많습니다. 그런데 바로 그 바이칼 호수 주변에서 보면 북두칠성이 바로 머리 위에 있다고 합니다. 따라서 한반도에서 보면 저 멀리 있는 별자리가 고향을 그립게 만드는 단초가 되는 것입니다.

카자흐스탄 알마티에 한국어교사를 위한 특강을 갔었는데, 다른 만남보다 밤에 볼 북두칠성과의 만남에 설렌 적이 있습니다. 알마티가 서울보다 한참 위쪽이라

북두칠성을 좀 더 가까이 볼 수 있을 거라는 기대가 있었던 것입니다. 여름이라 낮이 길어 밤 11시가 되어야 어둑해졌고, 12시쯤이 되자 드디어 별을 만날 수 있었습니다. 북두칠성이 보였습니다. 바로 머리 위에, 가까이에서 북두칠성이 빛나고 있었습니다. 우리 민족이 남쪽으로 이동해 오면서 북두칠성은 고향의 상징이 되었을 것이고, 조상의 상징이 되었을 겁니다.

　　북두칠성은 우리에게 별이 아니라 고향이고, 조상입니다. 북두칠성을 향해 기원을 드리는 것은 조상님께 기원하는 것이고, 북두칠성으로 가고자 하는 것은 고향으로 돌아가고자 하는 마음들이 담겨 있는 것입니다. 그래서 우리는 죽었다고 하지 않고, 돌아갔다고 합니다. 북두칠성, 조상님이 계신 고향으로 우리는 돌아가고자 하는 것입니다.

숟가락
한국인임을 보여 주는 것

우리말에는 숟가락이 우리에게 얼마나 가깝고 중요한 것인지를 알려 주는 표현들이 있습니다. 하나는 '숟가락 밑에서 정분난다'는 표현인데, 같이 밥 먹는 사람이 얼마나 가까울 수 있는가를 보여 주는 것입니다. 한솥밥 문화를 나타내는 표현이라 할 수 있습니다. 다른 표현으로는 '숟가락 하나만 더 놓으면 된다'는 말이 있습니다. 한자로는 십시일반十匙一飯과 비교될 수 있는 말인데, 한국인의 정이 잘 드러나는 말이라 할 수 있습니다.

'숟가락을 놓았다'라고도 하는데, 숟가락을 놓는 것이 죽음을 의미한다는 것은 숟가락이 우리의 삶 전체를 대표하는 문화가 된다는 것을 보여줍니다. 또한 이는 숟가락이 우리 문화에서 얼마나 중요한 것인지를 보여 주는 것이라고 할 수 있습니다. 이러한 표현을 젓가락으로 바꾸면 이상하게 되는데, 왜 젓가락이 아니고 숟가락일까 하는 생각을 해봅니다.

나는 한국 문화를 대표하는 것을 하나만 들라면 숟가락을 들고 싶습니다. 일반적으로 한국의 식문화가 서양의 문화와 다른 점을 들 때 젓가락을 들곤 하는데, 젓가락은 동양권에서 공유되는 문화라는 점에서 꼭 우리만의 문화라고 할 수는 없을 겁니다.

숟가락으로 먹는 음식은 무엇일까요? 국도 숟가락으로 먹기는 하지만 아무래도 숟가락으로 먹는 대표적인 음식은 밥이라고 할 수 있습니다. 국은 중국이나 일본처럼 작은 국자로 먹을 수 있고, 서양처럼 속 깊은 스푼으로도 먹을 수 있습니다. 그러나 밥은 숟가락으로 먹는 것이 가장 적당한 것 같습니다. 깊지 않은 우리 숟가락의 형태는 밥에 적당한 것이라 할 수 있습니다. 한국인에게 밥은 참 중요합니다. '밥심(힘)'으로 사는 민족이 바로 우리입니다.

우리가 밥의 주재료인 쌀을 얼마나 중요하게 생각하는지는 동의보감에 잘 나와 있습니다. '사람의 기운과 정신이 모두 쌀이 변화하여 나오는 것이다. 그래서 글자 모두에 쌀이 들어있는 것이다.' 氣精 皆從米變化而生 故 字皆從米

어느 나라에 가 봐도 우리의 숟가락과 비슷한 것을 발견하기가 어렵습니다. 특히 박물관 같은 데에서 전통적인 숟가락을 발견하기는 더 어렵습니다. 우리의 기준으로 본다면 참으로 희한한 일이 아닐 수 없습니다. 숟가락이 가장 흔한 물건 중의 하나이니 말입니다.

숟가락을 사용하는 문화와 젓가락을 사용하는 문화에도 심각한 차이가 나타납니다. 우선 식사할 때 젓가락을 사용하는 문화에서는 그릇을 들고 먹게 됩니다. 중간에 음식이 떨어질 가능성이 있기 때문입니다. 따라서 그릇 모양은 들기에 편리하게 아래가 좁게 되어 있는 경우가 많습니다. 그리고 열의 전도를 막아야 하기 때문에 나무와 같은 재료로 그릇을 만드는 경우가 많습니다. 그러나 우리는 그릇의 아래를 넓게 만들고, 이를 놓고 먹습니다. 숟가락을 사용하기 때문에 들고 먹을 이유가 없는 것입니다. 그래서 그릇을 놋쇠로 만들기도 하고 사기로 만들기도 하는 것입니다. 만약 들고 먹으려면 무척이나 뜨거울 것입니다. 한국에서 일본인과 식사를 할 때, 종종 뜨거운 밥그릇을 들고 쩔쩔매는 모습을 보게 됩니다. 안쓰럽기까지 합니다. 한국에서는 밥을 들고 먹으면 거지와 같다고 하는데, 일본에서는 반대로 그릇을 놓고 먹으면 개와 같다고 합니다. 숟가락 문화의 차이가 보여 주는 의식의 차이라고 할 수 있습니다.

한국인임을 분명하게 보여 주는 식탁의 모습은 숟가락과 젓가락이 가지런히 놓여있는 것입니다. 특히 쇠로 된 수저를 사용하는 모습은 우리만의 모습입니다. 숟가락과 젓가락을 동시에 사용하는 나라는 아마도 우리밖에 없을 것입니다. 문화는 서로에게 영향을 주게 마련인데, 우리 문화 속에 숟가락이 고유한 문화로 남았다는 것은 놀라운 일이 아닐 수 없습니다. 외국에 가서 선물을 할 때 저는 은수저 한 쌍을 선물하곤 하는데, 이 선물이야말로 가장 우리다운 선물이 아닐까 합니다.

액厄땜
액과 행운은 때로 같은 것

 '액'은 다가올 재앙을 의미합니다. 그래서 우리 조상들은 다가올 액을 막기 위해서 여러 가지 노력을 기울였습니다. 무속적으로 보면 부적을 쓰는 행위가 가장 대표적인 것 같습니다. 또 어떤 것을 보면 재수가 없다고 해서 그것을 막는 행위를 하기도 했습니다. 어릴 때 죽은 쥐를 보면 재수가 없다고 해서 나이만큼 한 발로 뛰었던 기억이 납니다. 그때 생각에 나이 먹은 사람들이 죽은 쥐를 보면 무척 힘들겠다는 걱정(?)을 하기도 했습니다.

 민요 중에 액막이 타령이라는 노래가 있습니다. '어루 액이야, 어루 액이야, 어기영차 액이로구나.'로 시작하는 이 노래에는 '정월 이월에 드는 액은 삼월 사월에 막고'라는 구절이 나오는데, 액을 미리 막지 않는 것은 이상한 일입니다. 그런데 또 다른 액막이 타령을 찾아보니, 정월에 드는 액은 정월 보름에, 삼월에 드는 액은 삼 진날에, 오월에 드는 액은 단오에 막는다는 가사가 있어서 흥미로웠습니다. 사실 그 달에 드는 액을 다음 달에 막으면 의미가 없을 것입니다. 무슨 깊은 뜻이 있는지는 모르지만.

　　　　액과 관련된 단어로 액땜이 있는데, 이 단어가 우리의 모습을 보여 주는 것 같습니다. 액을 막지 않았더라도 다른 작은 것으로 액을 미리 맞아서 때웠다고 생각하는 것입니다. 무슨 안 좋은 일이 생기면 늘 '액땜했다고 생각해' 라는 말을 듣게 됩니다. 더 나쁜 일이 생길 수 있었는데, 예방주사(?) 맞은 셈 치라는 말이 됩니다. 참으로 긍정적인 사고입니다. 이러한 습성이 남아있는 표현이 '그만하기 다행이다.' 입니다. 다쳐서 병원에 입원한 사람에게 와서 한다는 소리가 '다행'이라니. 다른 말로 번역하면 어떤 느낌일까 생각해 본 적이 있습니다. 이해가 잘 안 될 것 같습니다. 어차피 안 좋은 일이 생긴 것이 더 큰 일이 안 생긴 것에 고마워하자는 의미가 되는 것입니다.

　　　　호상好喪이라는 단어도 참 어렵습니다. 초상집에 가서 '잘 죽었다'는 표현을 하는 것이니, 입 밖에 내기가 어려운 말일 것입니다. 죽음 앞에서도 우리는 긍정적인 사고를 합니다. 상주를 위로하는 말인 동시에 돌아가신 분을 축하하는 말이기도 한 것 같습니다. 어찌 보면 행복한 죽음도 있는 것입니다.

    우리에게 닥치는 수많은 액을 막을 수 있었으면 합니다. 만약 막을 수 없다면, 작은 액으로 때울 수 있었으면 합니다. 그래서 작은 액을 행운으로 생각하고, 감사하며 하루를 지낼 수 있기 바랍니다.

온돌
등 따뜻한 게 좋은 것

온돌은 따뜻할 온(溫)에 돌이 합성된 단어입니다. 한자가 자연스레 섞인 단어입니다. 온돌은 우리 문화를 잘 보여줍니다. 우리말 중에서 만족이나 불만족에 해당하는 표현들을 보면 우리에 대해서 더 잘 이해하게 됩니다. '재미없을 줄 알아' 든지, '국물도 없다'는 말도 '재미'와 '국'을 좋아하는 우리의 모습을 보여 주고, '시원치 않다'는 말에서 시원한 것을 좋아하는 우리를 볼 수 있습니다.

우리말 표현에 보면 삶에 만족한다고 할 때, '배부르고 등 따뜻하다'는 말을 합니다. 외국인들은 배부른 것을 알겠는데, 등 따뜻하다는 것은 무슨 의미인지 모르겠다고 말합니다. 온돌을 쓰지 않는 경우에 '등 따뜻함'이 주는 편안함과 만족감을 이해하기는 어려울 겁니다.

예전에 우리는 아랫목으로 모여들었고, 도란도란 이야기를 나누었습니다. 저녁을 먹고 나서, 따뜻한 바닥에 누워서 사르르 잠이 들 때면 세상 부러운 것이 없는 것입니다.

온돌은 우리의 독특한 문화입니다. 다른 나라에는 온돌 문화가 없습니다. 중국 심양에 갔을 때 '부분 온돌'을 발견했는데, 우리 민족과 관련된 곳이라는 점에서 우리와 완전히 관계가 없다고 할 수는 없을 것 같습니다. 온돌 문화 때문에 양반다리를 하고 앉는 문화도 생기게 되었습니다. 바닥이 따뜻하니 당연히 넓은 부위를 바닥에 대고 싶었던 것입니다.

침대가 들어오면서 저는 우리의 온돌 문화도 사라질 것이라 추측했습니다. 바닥이 따뜻할 이유가 없어진 것이기 때문입니다. 그러나 제 예상은 완전히 빗나갔습니다. 외국 사람에게는 신기하기 짝이 없는 '돌침대, 흙침대'로 침대 자체를 바꾸기까지 하였습니다. 최소한 옥매트라도 깔려고 하는 것을 보면 온돌 문화는 사라지기 어려울 듯합니다.

소파가 있음에도 거실 바닥에 앉아서 차를 마시는 경우도 많습니다. 소파를 그저 팔걸이 정도로 사용하거나, 간이침대로 사용하는 집도 많습니다. 소파보다는 바닥이 편한 것입니다. 식탁이 있으면서도 거실에 상을 차리는 경우도 많습니다. 식탁 앞에 앉을 때도 의자에 양반다리를 하고 앉는 경우도 있습니다. 학교에서도 보면 의자 위에 공중 부양 자세로 앉아 있는 모습들을 종종 발견하게 됩니다.

    최근에는 중국이나 일본, 베트남, 카자흐스탄 등에서도 온돌을 깔고 있다고 합니다. 이제 온돌은 우리만의 문화가 아니라 세계인의 삶의 방식으로 조금씩 퍼져가고 있습니다.

    우리 민족은 등이 따뜻한 것이 좋은 겁니다.

| 제 4 부 |

언어로 만나다

한글
세계를 향해 태어난 글자

언어학을 공부하는 세계의 학자들이 우리나라를 기억하고 있는 것은 두 가지 이유 때문입니다. 하나는 무주정광대다라니경이나 상정고금예문, 직지심체요절, 팔만대장경 등에서 보여 주는 인쇄술에 관한 관심 때문이고, 다른 하나는 바로 세종대왕께서 창제하신 훈민정음에 대한 놀라움 때문입니다. 그만큼 한글은 우리를 대표할 만한 긍지를 주고 있습니다.

세종대왕께서 한글을 만드실 때, 우리말에 가장 잘 맞는 글자를 만드시려고 한 것은 맞지만, 우리말에만 맞는 문자를 만드시려고 한 것은 아닙니다. 다른 문자의 체계를 열심히 참조하려고 노력을 기울인 것도 사실이며, 주변의 말이나 아이들의 말에도 적합하게 글자를 만들려고 한 것도 기억해야 합니다. 한글이 우리말에만 맞는 글이라고 강조하면 강조할수록 한글의 가치를 떨어뜨리는 일이 됩니다. 실제로 한글은 발음기관을 상형하였기에 우리말뿐만이 아니라 어떤 언어라도 표기가 가능한 것입니다. 아니, 더 정확하게 말해서 약간의 변형 과정만 거친다면 어떤 음운도 과학적으로 표기할 수 있을 것입니다. 이미 한글은 창제 당시부터 세계를 향해 태어난 글자라고 할 수 있습니다.

또한 한글은 창제과정에서 조화를 중시하였습니다. 자음과 모음을 나누고 이들 문자가 서로 합쳐져서 하나의 소리가 되는 것은 조화를 생각한 결과라고 할 수 있습니다. 결과적으로 보면 음가音價 없는 'ㅇ'도 조화를 위한 선택이 아니었을까 생각합니다. 음양오행의 원리를 글자에 적용한 것도 모두 조화를 위한 것이었습니다.

자음이 과학적이라고 이야기하고, 모든 언어에 적용이 가능한 체계라는 주장은 옳은 말입니다. 하지만 모음은 모든 언어에 맞는 글자라고 할 수는 없습니다. 음가를 표현한다는 점에서는 다른 언어에 적용이 가능하겠지만, 음양의 조화라는 측면에서 본다면 한글의 모음은 모음조화가 있는 우리말에만 꼭 들어맞는 문자체계라고 할 수 있습니다.

천지인天地人의 조화를 이용해 만든 모음의 글자는 우리말에 있는 모음조화 현상을 잘 반영해놓고 있습니다. 예를 들어 하늘(또는 태양)을 사람의 동쪽에 둔 'ㅏ'나 하늘을 땅의 위쪽에 둔 'ㅗ'가 밝은 모음인 것은 참으로 기막힌 발견입니다. 우리말에 밝은 모음과 어두운 모음의 구별이 있음을 알고, 글자에 이러한 조화를 표현한 것입니다. 하늘이 사람의 서쪽에 있거나(ㅓ), 하늘이 땅 아래에 있는 것(ㅜ)은 당연히 어두움을 나타내게 되는 것입니다. 글자 모양만으로도 음양의 조화를 알게 한 것입니다.

오늘날에도 우리에게 문자가 없다고 가정하고, 수많은 국어학자들이 모여서 문자를 만든다고 하여도 세종께서 모음을 만드신 것처럼 우리말의 모음조화를 반영하기는 어려웠을 것이라는 생각이 듭니다.

한글은 컴퓨터와 인터넷, 무선통신을 만나면서 더욱 강한 문자 체계가 되었습니다. 글자 조합을 통해 수많은 발음을 표기하게 되었습니다. 외국어를 표기하는 힘을 보면 한글은 정말 놀라운 문자입니다. 또한 'ㄱㅋㄲ, ㄷㅌㄸ, ㅁㅂㅍㅃ, ㅅㅆ, ㅈㅊㅉ' 등을 휴대전화에서 사용할 때, 훈민정음에 이미 제시되어 있는 가획加劃의 원리나 병서病書 방법을 그대로 응용하면, 작은 휴대전화를 효율적으로 이용할 수 있게 됩니다. 많은 글자를 휴대전화에 다 표기해야 한다면 얼마나 복잡하겠습니까? 시대가 지날수록 우리가 몰랐던 한글의 가치가 새로 밝혀지고 있는 것입니다. 다음 세대에는 어떤 한글의 비밀이 우리를 감탄하게 할까 궁금합니다.

한글이 어떤 언어의 표기 수단이 되기를 바라는 것은 지나친 욕심일지 모릅니다. 하지만 한글이 가지고 있는 음성학적인 가치, 언어학사에서의 가치를 고려하여 앞으로 국제음성부호를 대체할 수 있다면 얼마나 좋을까 하는 생각을 해 봅니다. 한글은 복잡한 기호들을 덧붙이지 않아도 약간의 변형만으로도 훌륭한 음성부호가 될 수 있습니다. 한글을 통해 다른 언어를 배우고, 다른 문화를 만나는 날이 올 수도 있을 것입니다. 한글과 관련된 여러 분야의 전문가들과 우리 국민 모두 한글에 대해 더 관심을 갖는다면 한글이 세상을 잇는 문자가 될 수도 있을 것입니다.

한글날을 국민적인 축제로 만들기 위해서 저는 두 가지 생각을 한 적이 있습니다. 단순한 기념식 외에, 세종대왕의 정신을 기린다는 의미에서 우리말로 된 책을 선물하는 날로 삼으면 어떨까 하는 것입니다. 세종께서 진정 기뻐하실 일은 한글로 쓴 책을 서로 선물하는 일이 아닐까 합니다. 또 하나는 훈민정음 등 고서의 영인본이나 좋은 구절이 담긴 한글을 외국인에게 선물하는 것입니다. 한글이 담긴 것이라면 그것이 티셔츠가 되어도 좋고, 그릇이 되어도 좋습니다. 한글이 담긴 선물은 한국에 온 외국인에게 좋은 기념품이 될 것이며, 외국에 한글을 낯설게 하지 않는 좋은 방안이라고 생각합니다.

한국어를 가르친다는 자부심은 다른 무엇보다도 값지다는 느낌입니다. 한국어로 이름도 못 짓고, 교과서를 읽지도 못한 시절을 살았던 우리의 할아버지, 할머니들은 한국어를 외국인들이 배우려 한다는 소리만 들어도 눈물을 흘립니다.

하지만 자부심으로 시작한 한국어 교육이기 때문에 책임감도 깊게 느껴야 합니다. 모국을 찾아온 재외동포에게 핏줄의 소중함을 일깨워주려 할 때, 한국어는 핏줄이 됩니다. 한국어를 배워 꿈을 이루려는 어려운 외국인 고학생에게 한국어는 꿈이 됩니다. 영문도 모른 채 머나먼 나라로 입양되었던 입양인들이 한국을 다시 찾을 때, 한국어는 실마리를 담은 뿌리가 됩니다. 가족의 눈물과 기다림을 뒤로 한 채, 한국 땅을 밟은 이주노동자들에게 한국어는 생존 그 자체가 됩니다.

한국어를 세계화한다는 것은 그들이 우리말을 쓰고, 우리 문자를 쓰도록 강요함을 의미하지 않습니다. 한글로 삐뚤삐뚤 이름을 쓰는 것을 보면서 고마워하는 것을 의미하는 것이며, 우리말로 나와 의사소통하는 것을 보면서 나도 그들의 말을 배워야겠다고 결심하는 것입니다. 우리말로 세계의 평화를 이야기하고, 지켜야 할 환경을 이야기하는 것입니다. 사람이 사람을 사랑하는 법을 우리말로 이야기할 수 있다면, 서로 다른 문화지만 그래서 더 반갑고, 그래서 더 궁금하고, 그래서 더 이야기꽃이 피어나게 된다면 얼마나 가슴 벅찬 일인가요?

나는 한글을 가르치면서 한글을 배우는 모든 사람들이 행복해지기를 바랍니다. 한글을 배우면서 서로 사랑하게 되었다는 기쁜 소식을 듣기 바랍니다. 우리말을 배우면서 우리가 모두 연결되어 있음을 깨닫게 되었다는 이야기를 할 수 있게 되기 바랍니다. 이것이 한글을 세계화하는 아름다운 목적이 아닐까 합니다. 어떤 일을 할 때는 목적이 아름다워야 합니다. 목적이 아름다워야만 하는 일에 신명이 나고 보람이 있을 것이기 때문입니다. 한

글을 배우고 가르치는 일에서 신명을 다하는 모습을 보고 싶습니다.

고추, 배추, 상추
비슷하지만 다른 말들

    고추와 배추와 상추는 '추'를 돌림자처럼 쓰고 있습니다. 그러나 그 기원은 각각 다른 것으로 보입니다.

    고추는 한자어 고초苦椒가 변한 말입니다. 시집살이에 관한 노랫말 중에 '고초 당초唐椒 맵다 해도 시집살이만 못하더라.'라는 부분이 있는데 여기의 고초가 바로 고추입니다. 배추는 백채白菜가 변하여 배추가 되었다고 보고 있습니다. 상추도 생채生菜가 변해서 온 말이라고 보는 것이 일반적입니다.

    김치는 침채沈菜가 변한 것으로 보는 것이 일반적입니다. '딤채'를 요즘은 김치냉장고 이름으로 알고 있지만, 사실은 김치의 옛말인 것입니다. 즉, '침채'에서 변한 말인 것입니다. 김치의 고유어는 '디히'입니다. 짠지, 단무지, 짱아지 등에서 그 흔적을 찾아볼 수 있습니다.

짱아지의 경우는 중세국어에서 '쟝앳디히'로 나타나는데, 장醬과 관련이 있는 말이라 할 수 있습니다. 장에 담그는 김치라고 할 수 있을 것입니다.

동치미의 경우는 동침冬沈과 관련되는 말입니다. 겨울에 담가둔 것을 말하는 것이지요. 우리말 속에는 숨어있는 한자가 상당히 많습니다. 오랜 시절 영향을 주고받았으니 당연한 일일 것입니다. 아마 우리말도 중국어 속에 알게 모르게 들어가 있을 것입니다.

고추와 배추, 상추는 시작은 다르지만 기억의 편리함을 위해서 외국인들에게는 같이 가르쳐볼 만한 어휘들입니다. '머리, 허리, 다리, 꼬리'도 함께 가르치면 기억에 도움이 됩니다.

한자권(중국, 대만, 일본)에서 온 이들에게는 '고추, 배추, 상추'를 설명할 때, 한자의 설명을 곁들인다면 더 흥미를 불러일으킬 수도 있을 것입니다.

말이 많다
하지 않는 것이 낫지 않을까 두려운 것

　　말의 힘은 아무리 강조해도 지나치지 않습니다. '태초에 말이 있었다.'라는 성경의 구절은 그 무게를 짐작하게 합니다. 한 마디 말은 큰 힘이 되기도 하고, 큰 상처가 되기도 하는 것입니다.
　　'웅변은 은이요, 침묵은 금이다.'라는 표현은 웅변이 중요하지 않다는 것이 아니라, 말을 할 때는 말을 하지 않는 것이 낫지 않을까 하는 두려움을 가져야 한다는 의미로 다가옵니다. 말을 하지 않는 연습도 필요합니다. 종종 혼자 있는 시간에 말을 않는 시간을 늘려보는 것도 말에 대한 느낌을 키울 수 있습니다. 자꾸 전화를 하고 싶은 충동을 버리고 말과 간접적으로 만나게 되는 텔레비전 등의 매체들도 켜지 않는 연습을 해 보면 말의 가치를 깨닫는 데 도움이 될 겁니다.

'말이 많다'라는 표현은 쓸데없는 이야기를 많이 한다는 뜻으로 받아들여집니다. 또 행동보다 지나치게 말이 앞선다는 의미도 갖고 있습니다. 또 불만이 많다는 의미로 받아들여 '왜 이렇게 말이 많아!'라고 표현하기도 합니다. '요즘 사람들 사이에서 말이 많다.'라고 하면 사람들이 불만스러워하거나 의심이 많다거나 소문이 좋지 않다는 의미가 됩니다. 이렇듯 말이 많다는 것에는 많은 경계가 담겨 있습니다.

　난 요즘 내가 말이 많다는 생각을 합니다. 특히 말이 많은 사람과 만난 날이면, 그동안 내게 피해를 느꼈을 사람들의 심정이 이해가 됩니다. 내 말이 상처가 되지 않기 위해서 침묵의 시간을 늘려야 할 것 같습니다. 그리고 조심스럽게 건네는 내 말이 다른 사람들에게 힘이 되기 바랍니다.

수화 手話
또 하나의 우리말

수화는 손으로 말하는 것입니다. 모든 사람이 수화를 할 수 있을 것이나 실제로는 주로 청각장애인들이 수화를 사용하게 됩니다. 가끔 텔레비전 한 구석에 열심히 수화로 설명하는 것을 보면서, 우리나라도 이제는 장애인에 대한 대책을 조금씩 세우는구나 하고 칭찬을 한 적도 있었습니다. 또 정치인들의 선거 방송에 수화로 설명이 나오는 것을 보면서는 '에이, 표 얻으려고 평상시 안 하던 일까지 하는군.' 하면서 비웃는 경우도 있습니다.

그런데 내 화법 수업에서 한 일본 학생이 발표를 하는 것을 들으면서 갑자기 멍한 느낌이 들었습니다. 그 내용은 외국어만 배우려고 하지 말고, 함께 사는 청각장애인들을 위해 간단한 수화도 배우자는 캠페인이었습니다. 우리는 어려서부터 한 번 만나기도 어려운 외국인을 대상으로 하는 외국어는 열심히 배우면서 우리와 더불어 사는 청각장애인의 언어는 배우려고 하지 않았구나 하는 생각에 부끄러움과 답답함이 밀려왔습니다.

　　수화로 '안녕하세요?'가 무언지, '감사합니다.'나 '미안합니다.'는 무엇인지에 대해서 아는 바가 없었습니다. 조금 더 생각해 보면 학교에서도 가르치려는 노력이 없었던 듯합니다. 최소한 기본적인 의사소통에 필요한 말이라도 수화를 교과과정에 포함시킬 필요가 있지 않을까 합니다.

　　수화는 또 하나의 우리말인 것입니다. 우리에게는 국어가 하나 더 있는 셈입니다. 외국어를 배우는 일의 만분의 일만이라도 수화에 공을 기울이면 청각장애인이 우리의 입술을 읽기 위해서 하는 노력을 줄일 수 있을지도 모릅니다.

　　일본의 한 관광지 표지판에 청각장애인을 위해서 수화 안내가 준비되어 있다는 표지판을 본 적이 있습니다. 작은 배려라고 할 수도 있지만, 우리의 무심한 생활을 일깨워주는 것이라고 할 수도 있습니다.

　　앞으로 청각장애인을 만나면 우리 모두 수화로 먼저 따뜻한 인사를 나눌 수 있기 바랍니다.

성姓과 씨氏

가족임을 알려 주는 표시

유교적인 전통을 강조하는 사람들은 가문의 성姓을 이어가는 것을 중요하게 생각하기 때문에 아들로 대를 이으려고 합니다. 딸도 아버지의 성을 따르기는 하지만 그 다음 대로 성을 전할 수 없기 때문에 아들을 중요하게 생각하는 것입니다. 이렇게 남성의 상징처럼 보이는 성姓이지만 실제로는 여성의 상징이 될 수 있는 말이 성이기도 합니다.

'성姓'은 '여女'와 '생生'이 합쳐진 말로 '여자가 낳았다'는 뜻이 됩니다. 뜻 자체로만 보면 실제로는 모계의 삶을 보여 주는 단어라고 할 수 있습니다. 중국 고대의 성인 요姚, 강姜, 희姬 등이 모두 여자하女字下로 되어 있는 것도 흥미롭습니다.(한경구 등, 『낯선 곳에서 나를 만나다』)

씨氏는 중국에서 남성을 의미한다는 입장도 있으

나, 중국에서도 일반적으로 여자에게 남편의 성을 따서 이름 대신 부르게 되는 것이었습니다. 중세 국어에서도 '씨氏'는 훈訓이 '각시'로 여성을 의미합니다. 보통 '박씨 부인'처럼 이름 없이 성에다 '씨'만을 붙여서 여성을 나타내었던 것입니다.

  대를 잇는다는 것, 우리 집안의 성을 잇는다는 것을 목숨처럼 귀히 여기는 사람들에게 이 글자들의 유래를 들려주고 싶습니다. 가치는 변화하는 것입니다.

  창씨개명創氏改名이라는 말을 보면 새로운 성을 만든 것이 아니라 새로운 씨를 만들고 이름을 바꾸었다는 것은 알 수 있습니다. 일본인의 개념에서는 '씨'가 성의 역할을 하는 것이었습니다. 일본의 경우는 성을 잇는 방법이 다양하여, 할머니의 성이 희귀하면 자식 중 하나를 할머니의 성을 따르게 하기도 합니다. 결혼을 하면 남편의 성을 따르는 것이 일반적이나 요즘에는 그렇지 않은 경우도 있다고 합니다.

  서양의 경우에도 주로 결혼 후 남편의 성을 따르게 됩니다. 스페인 계통의 국가에서는 부모의 성을 함께 쓰는 경우도 있습니다. 최근 우리나라에서도 부모의 성을 함께 쓰는 경우도 나타나고 있습니다.

우리는 결혼 후에도 여성들이 자신의 성을 유지하니 여권女權이 다른 나라에 비해서 나은 것이 아닌가 하고 이야기하는 사람들도 있습니다. 정말 그런가요? 성은 하나의 관습이고, 가족을 엮어 주는 개념일 뿐입니다.

새롭다
날마다 해가 뜨는 것

'지혜롭다, 슬기롭다, 향기롭다'에서 알 수 있듯이 '-롭-'은 명사를 형용사로 만들어주는 접사입니다. '새롭다'의 '새'도 명사였을 것으로 보입니다. 지금은 '새 것, 새 집'에서처럼 '새'는 관형사로 사용되고 있습니다. '새'가 들어가는 말로는 '새벽'이 있는데, 새벽은 해 뜰 무렵을 의미합니다. 새는 '해'와 관련이 있는 말입니다. 날이 '새다'라고 할 때도 새는 해를 의미합니다. 또한 동쪽을 의미하기도 합니다. 높새바람의 새는 '동쪽'을 의미합니다.

무엇이 새로운 것인지에 대해서, 무엇이 새로움의 근원이었을지에 대해서 생각해 봅니다. 날마다 해가 뜨면 날마다 새로운 일이 시작됩니다.

오늘의 나는 어제의 내가 아닙니다. 이미 좋은 방

죄스럽다
나를 부끄럽게 만드는 감정

죄를 느끼는 것을 죄스럽다고 합니다. '-스럽'은 느끼는 감정의 의미를 덧붙일 때 쓰입니다. 탐하고 싶은 것은 '탐스럽고', 멋이 느껴지는 것은 '멋스럽고', 여성의 느낌, 남성의 느낌이 강하게 풍겨 나오면 '여성스럽다, 남성스럽다'라고 합니다. 정성스럽고 자연스러운 것도 다 그런 의미입니다.

그런데 죄스럽다는 말을 보면서 우리는 죄가 아닌 것에도 죄스럽다는 말을 쓰는구나 하는 생각이 들었습니다. 죄를 저지르고 느끼는 감정인 '죄책감'과는 의미가 다른 말인 것입니다. '죄책감은 우리의 마음 깊은 곳에서 스스로에게 내리는 처벌이다.(아잔 브라흐마, 『술 취한 코끼리 길들이기』)'라는 말은 죄책감에 대해서 다시 생각하게 합니다. 죄책감은 자신의 죄에 대한 형벌의 성격이 있는 것입니다. 벌을 받아야 한다면 받아야 하겠죠.

'속죄贖罪'라는 단어는 재물을 바쳐 자신의 죄를 용서받는다는 의미입니다. '속죄양'은 양을 속죄의 재물로 바친다는 것이지요. 그런데 자신의 죄를 양에게 뒤집어씌우는 것이라는 느낌이 들어서 속죄양이라는 단어가 아름다워 보이지는 않습니다.

많은 종교에서는 신도들이 자신의 죄를 씻을 수 있게 하기 위해 노력을 합니다. 종교는 죄책감을 잊게 하는 역할을 하는 것 같습니다. 죄의식으로 평생을 산다면 행복할 수 없기 때문입니다. '원죄'도, '업보'도 그런 이유에서 생긴 것이 아닐까 하는 생각을 해봅니다. 고해성사도 그래서 하는 것일 겁니다. 어쩌면 친한 친구가 필요한 것도 내 고백을 들어줄 사람이 필요해서일 것입니다. 그런데 죄스러움을 이기는 방법, 죄책감을 없애는 가장 좋은 방법은 다른 이에게 기대는 것이 아니라 직접 행동하는 것이라는 생각이 듭니다.

죄스러움은 죄를 직접적으로 저지르지 않았을 때도 느끼는 경우가 많습니다. 그래서 나는 죄스러움이라는 단어가 가슴이 아프고, 또 좋습니다. 밥을 먹을 때, 굶는 아이들의 모습이 텔레비전에 비치면 왠지 죄스럽습니다. 혼자 행복을 누릴 때 우리는 왠지 죄스럽다는 말을 합니다. 나의 행복에는 다른 사람의 눈물이 묻어 있을지도 모르는 것입니다. 우리는 그래서 죄를 저지르지 않았어도 죄스러움을 표하는 것입니다. 부모님께 잘 못해 드려서 죄스럽고, 아이를 잘 못 키워서 죄스럽습니다. 우리에게는 죄스러운 일이 참 많습니다. 나의 죄스러운 일들을 돌아봅니다.

약속 約束
스스로를 묶어 놓는 생각, 결심

약속約束은 묶는다는 뜻입니다. 약속은 스스로를 묶어 놓는 결심들입니다.

예전에 본 TV 프로그램의 기억이 오랫동안 잊혀지지 않습니다. '아빠 휘파람을 부세요' 라는 프로그램으로 기억하는데 그 프로그램은 고생하는 아빠에게 가족들이 비디오로 영상 편지를 보내 기쁘게 한다는 그런 내용이었습니다.

제 기억 속의 영상 편지는 이렇습니다. 수술 후 7년간 집 밖을 나서지 못하는, 그래서 집안 대소사에도, 명절에도 가 볼 수 없어서 죄스러운 아내의 영상 편지였습니다. '7년 동안 맏며느리 노릇 못하는 나에게, 아내 노릇 제대로 못하는 나에게 짜증 한 번 내지 않아서 고맙다.' 는 내용이었습니다. '7년 간 짜증 한 번 내지 않았다.' 가슴을 울려오는 말이었습니다. 가능할까 싶었습니다. 어떻게 짜증을 내지 않을 수 있냐고 남편에게 묻자, 남편은 수술실 앞에서 살려만 주면 뭐든지 아내를 위해서 다하겠다고 울며 기원한 약속을 지키는 것이라고 했습니다. 우리는 급할 때 한 약속은 더 쉽게 어기게 됩니다. 이미 급박한 사정이 사라졌기 때문이겠죠.

그동안 급할 때 했던 약속들을 떠올려 봅니다. 그 고마웠던 마음들이 떠올라 마음을 묶습니다. 또한 사랑하는 사람들과 한 약속들은 가슴속 가까운 곳에서 항상 꺼내보며 살아야 하겠습니다. 잘 간직하고 지키겠습니다. 또한 아이들이, 아내가 아플 때 했던 기원들을 생각해 봅니다. 약속은 다른 사람을 꽁꽁 묶어 놓는 것이 아니고, 스스로를 묶어 놓는 것입니다. 기쁜 마음으로.

수우미양가 秀優美良可

못난 사람은 없다는 뜻

　　　　　영어 시험에서 'Good'이라는 평가를 받으면 '보통'이라는 뜻이라고 합니다. Good을 보고 잘 했다고 생각하면 안 된다는 겁니다. 사실 보통이라는 말도 그리 나쁜 의미는 아닌데, 보통이라는 평가를 받으면 무척 부끄러운 결과로 생각하게 되는 것 같습니다. 초등학생들의 평가 내용을 살펴보면 '보통'의 느낌을 알게 될 겁니다.

　　　　설문지들의 내용을 보면 '아주 좋음, 좋음, 보통, 나쁨, 아주 나쁨' 정도의 단계로 나눠 놓는 경우가 많은데, 보통에 표시하면 사실 마음에 들지 않는다는 의미가 되는 것입니다. '좋지 않다'의 의미가 우리 머릿속에는 이분법적으로 자리하고 있기 때문입니다.

　　　　평가의 등급을 보면서 많은 생각을 하게 됩니다. 아예 대학처럼 'ABCDEF'로 표시하고 거기에 플러스, 마이너스로 정교함을 더할 수도 있겠죠. 하지만 무엇을 위한 평가인가 생각하면 답답함이 있습니다. 단순히 구별 짓기 위한 것이라는 생각입니다. 학생을 평가하는 것이 순전히 줄을 세우기 위한 것이라니 참 세상이 갑갑합니다. 요즘에는 대학에서도 절대평가는 믿지 못하겠다고 상대평가를 요구하는 경우가 많습니다. 다 열심히 잘하였더라도, 다른 사람보다 좀 부족하면 못난 사람이 되는 것이죠. 이게 정확한 평가인지 의심스럽습니다. 남보다 무조건 나아야 한다고 가르치는 교육이 옳은 것인지 의심스럽습니다.

'수우미양가'의 의미를 '수'는 아주 좋은 것으로, '가'는 아주 나쁜 것으로 생각하고 있었습니다. 그런데 어느 날 한자를 들여다보고, 평가에 대한 그간의 태도를 반성하게 되었습니다. 수秀는 뛰어나다, 우優는 우수하다, 미美는 아름답다, 양良은 좋다, 가可는 가능하다 정도의 의미를 나타냅니다. 어느 것 하나 나쁜 의미가 없습니다.

영어의 Good도 좋은 겁니다. 애써 달리 생각할 필요는 없습니다. 학생의 가치를 평가하는 내 마음을 살펴봅니다. '너는 못났다, 너는 나쁘다'라고 쉽게 규정짓는 것은 아닌지, 평가에 따뜻함은 있는지 답답한 마음으로 생각해 봅니다.

| 제 3 부 |

문화로 만나다

구수하다
익숙해져야 알 수 있는 맛

구수하다는 말은 다양한 장면에서 쓰입니다. 물론 가장 많이 쓰이는 장면으로는 우리의 전통적인 음식을 먹을 때일 것입니다. 다른 언어의 어떤 말로도 번역하기 어려운 표현이라고 할 수 있습니다. 된장찌개가 구수하고, 숭늉도 구수합니다. 이러한 맛에 익숙해지기 전까지는 아무리 설명해도 그 맛을 알 수 없을 것입니다. 또한 우리가 구수하다는 말을 쓰는 상황으로는 사투리가 구수하다든지, 민요 한 자락이 구수하다든지 하는 경우도 있습니다. 징하게, 억수로 재미나게 이야기하는 사투리를 들으면, 그 토속적인 느낌에 구수하다는 말이 절로 나오는 것 같습니다. 걸지게 넘어가는 민요 한 자락에 구수한 막걸리가 빠질 수 없을 것입니다. 구수한 것은 자연스러운 것이고 몸에 배어 있는 우리의 미학인 것입니다.

구수하다는 것은 순박, 순후한 데서 오는 큰 맛이라고 우리의 미학을 설명하는 고유섭 선생의 말(권영필 외, 『한국의 미를 다시 읽는다』)은 우리의 미학을 돌아보게 만듭니다. 또한 비슷한 단어로 '고수하다'가 있습니다. '구수한 것은 접함으로써 그 풍도에 서리게 되나 이 고수한 맛이란 씹고 씹어야 나오는 맛이다.'라는 말에서 한국의 미를 다시 생각해보게 됩니다. 고수하다는 단어는 고소하다고 이야기하는 맛과는 차이가 있는 것입니다. 고소함에는 가벼움이 느껴지지만 고수함에는 그러한 가벼움이 없습니다. 구수하면서도 여러 번 씹을수록 새로운 맛이 나오는 고수함이 있는 아름다움이 우리를 편안하게 만드는 미학이 아닐까 합니다.

　　구수한 음식을 먹으며, 구수한 소리를 들으며, 구수한 이야기를 도란도란 나누는 모습은 생각만 해도 정겹습니다.

시원하다

탁 트이게 만드는 느낌

'시원하다'는 말은 차가운 느낌을 의미하는 것은 아닌데, 우리는 차가운 것으로 오해하는 경향이 있는 것 같습니다. 할아버지가 목욕탕에 가서 열탕에 들어가면서 시원하다고 하니까, 차가운 물인 줄 알고 따라 들어간 손자가 깜짝 놀라며 '믿을 놈 하나 없다고' 했다는 우스갯소리는 기실 '시원하다'의 의미를 '차갑다'로 해석하였기 때문입니다.

우리는 시원하다는 말을 주로 날씨에 사용하는 것 같습니다. 특히 바람이 불어 몸도 마음도 탁 트이는 것을 느낄 때, 바람이 참 시원하다는 말을 하곤 합니다. 하지만 '속이 다 시원하다'는 말에서처럼 어떤 막혀 있던 일이 해결되었을 때도 우리는 시원하다는 말을 쓰게 됩니다. 또한 뜨거운 음식을 먹을 때도 시원하다는 말을 하는데, 이 말 역시 차갑다는 것이 아니라 속이 탁 트이는 것 같다는 의미입니다. 노래를 '참 시원시원하게 부른다' 라는 말도 거침없이 열창하는 모습을 일컫는 말입니다. 우리는 시원시원하게 일을 한다는 말도 하고, 시원스럽게 생겼다는 말도 합니다. 모두 대범하고 거리낌 없는 모습들을 나타내는 말인 것입니다.

'시원하다' 라는 말은 우리 민족이 정말 좋아하는 단어입니다. 얼마나 좋아하는지를 잘 나타내는 표현이 바로 '시원치 않다' 입니다. 시원치 않다고 할 때는 불만족스러움을 나타내는 것입니다. 우리는 무언가 일이 남아있는 것 같고, 꺼림칙할 때, 깨끗하게 끝나지 않았을 때 시원치 않다는 말을 합니다. '시원치 않은 놈' 이라는 말은 심한 욕이 됩니다. 뭔가 모자란다는 의미가 되기 때문입니다.

모든 일들이 시원스럽게 이루어져서 모두들의 속이 시원해지기 바랍니다.

고전 古典

우리를 받치고 있는 자부심

　　화법에서 자신의 의견을 말할 때 사용하는 방법 중의 하나가 유명한 글귀를 이용하는 것입니다. 격언이나 고전의 내용을 인용하면서 자신의 의견을 펼치는 것입니다. 앞서 간 분들의 핵심을 찌르는 말 한 마디는 어쭙잖은 생각 백 마디보다 선명한 느낌을 주기도 합니다. 하지만 우리가 이야기할 때 격언은 그렇다 치고, 자주 인용하는 우리의 고전이 있는지 생각을 해 봅니다.

　　후진타오 중국 주석이 미국을 방문했을 때, 묵자의 말을 인용하고, 이백이나 두보의 시를 읊고, 손자병법을 선물로 주는 것을 보았습니다. 그것은 단순히 말이 아니고, 책이 아닐 것입니다. 자신의 뒤를 받치고 있는 큰 산이고 자부심일 것입니다. 중국이 가지고 있는 정신적 자산을 자연스레 보여 주고 있었던 것입니다.

우리나라의 지도자들은 우리 고전 중에 어떤 부분을 인용하며 이야기할까 궁금해졌습니다. 그리고 어떤 시의 한 구절을 읊으며 다른 이를 설득하려 할까 하는 의문이 생겼습니다. 외국 사람을 만날 때, 다산 선생의 목민심서를 선물하면 어떨까 하는 생각도 해 보았습니다.

　　외국 사람들은 우리나라 지폐에 정치가들이 들어 있지 않고, 율곡 선생이나 퇴계 선생 그리고 학자로서의 세종대왕이 있는 것을 보고 놀라워합니다. 학문에 대한 우리의 자부심을 보여 주는 것이라고 할 수 있겠습니다. 그러나 우리는 퇴계 선생의 글을 알지 못하고, 율곡 선생의 글을 알지 못합니다. 그들의 철학적인 이론에 대해서도 간략한 설명이 어렵습니다. 다산 정약용에서 대해서 존경을 표시하고 있지만, 실제로 다산의 글을 제대로 배워 본 적이 없습니다. 당연히 우리의 연설에는 우리 고전에 대한 인용이 없습니다.

　　일본의 경우에도 고전에 대한 공부는 무척 열심인 것 같습니다. 일본 서점에서 만난 많은 고어사전이 고등학생용인 것을 보고서 놀란 적이 있습니다. 청소년기에 만난 고전이 삶의 지침이 될 수 있습니다. 옛글을 읽어내는 능력과 옛글을 마음속에서 되새기는 자세를 가진 청소년에게서 깊이를 찾을 수 있습니다. 옛것을 알지 못하고 새로운 것을 이야기하기 어려울 것입니다. 고전을 읽지 않고, 현실적인 것에만 관심을 갖는다면, 깊이 있는 사고는 먼 이야기일 수밖에 없습니다. 청소년에게도 묻습니다. 지금 마음속에 새기고 있는 문장은 무엇인지, 우리 고전 중에서 두고두고 보고 싶은 책은 무엇인지 묻고 싶습니다.

고등학교에서 고문에 관한 관심이 적어지고 있다는 국어교육학자들의 근심을 들은 적이 있습니다. 중세 국어의 문법이 어렵다고 가르치지 않고 배우지 않는 것은 우리의 가치를 잃어버리는 일입니다. 또한 한문으로 쓰인 고전에 대한 공부도 필요합니다. 한자가 주요한 표기 수단이던 시절의 글들을 그저 남의 나라 일로 보는 것은 아닌지 모르겠습니다. 분명히 그 글에는 우리 선조들의 사고가 들어있습니다. 입시의 한 과목으로서만이 아니라, 깨달음과 자부심의 도구로서 고전은 매우 중요한 것입니다. 학교 교육 속에서 고전의 가치가 더욱 높아지기 바랍니다.

아이러니합니다. 하지만 삶과 죽음이 그리 다른 말이 아니라는 것도 보여 주는 것이라 할 수 있습니다.

사실 죽는 것은 사는 것입니다. 한국어에 '반죽음'이라는 말이 있습니다. 반죽음은 '반 삶'을 의미하는 것이므로, 죽음은 곧 삶을 의미하는 것이라는 농담은 농담 이상의 의미가 있습니다.

고개를 젓는 것은 부인하다의 의미를 갖는 행위입니다. 그러나 불가리아나 스리랑카에서는 고개를 젓는 행위가 '예'를 의미하기도 합니다. 어떻게 고개를 옆으로 젓는 것이 긍정이 될까 하겠지만, 사실 우리도 그러한 행위를 하고 있습니다. 믿을 수 없을 정도로 놀라운 것을 보았을 때 하는 행위가 고개를 젓는 것입니다. '와! 너무 멋있다'라고 할 때 우리는 고개를 끄덕이는가, 아니면 고개를 젓는가 생각해 보면 알 수 있을 겁니다. 강한 긍정을 나타낼 때도 우리는 고개를 옆으로 돌립니다.

슬픔과 기쁨도 꼭 반대되는 감정은 아닙니다. 너무 슬플 때도 어이없이 웃음이 나오기도 하고, 너무 기쁠 때도 눈물이 쏟아지기도 합니다. 실제로 아기들의 웃음은 공포에서 나온 것입니다. 어른들이 아기들을 위로 던지면, 아기들이 깔깔거리는데, 그것은 웃는 게 아니라 무서워하는 것입니다. 아기들이 좋아하는 줄 알지만 실은 두려워하는 것입니다. 사실 생각해 보면 공중으로 던져진 아이가 즐겁겠습니까? 웃음이 나올 리가 없을 겁니다. '웃음'이라는 단어와 '울음'이라는 단어가 어원적으로는 서로 관련이 있는 단어라는 것은 선인先人들의 통찰력을 보여줍니다.

모든 것을 볼 때 반대의 측면에서 바라보고 이해하는 것을 저는 모순이라는 단어를 통해서 봅니다. 전혀 다른 것이 사실은 같은 것일 수도 있고, 내 생각이 꼭 맞는 것은 아님을 '모순'은 보여 주고 있습니다.

숫자
피할 수 없는 상징

우리는 숫자를 그냥 기호처럼 생각하지만, 언어와 연결될 때는 금기가 되기도 하고 기쁨이 되기도 합니다. 예를 들어 우리는 18이라는 숫자는 입에 올리는 것을 꺼립니다. 열여덟이라고 둘러말하는 것도 이 때문입니다. 아홉수에 결혼을 하지 않는 것도 꺼림과 관련이 있습니다. 9가 꽉 찬 수로 더 이상 발전이 없다는 의미로 받아들이기도 합니다. 일본에서도 9를 별로 좋아하지 않는데 괴로울 고苦의 발음과 같기 때문이라고 합니다. 중국인들을 비롯한 한자문화권에서 4(사)를 죽음死과 연결시키는 것도 이러한 이유에서입니다. 중국 관련된 일을 하는 사람들의 전화번호가 666으로 끝나서 깜짝 놀란 적이 있습니다. 666이나 13은 서양에서 금기로 알려진 수이기 때문이었습니다. 그러나 6을 중국인들은 순조롭다는 뜻으로 받아들인다고 합니다. 또한 8도 중국인이 매우 좋아하는 숫자라서 북경 올림픽은 2008년 8월 8일 8시에 막을 올렸습니다. 중국이 2004년 올림픽에는 '4'자 때문에 개최 신청조차 하지 않았다는 이야기는 사실 여부를 떠나 그럴 법한 것 같습니다. 그런 점에서 우리는 '88' 올림픽을 열었으니 '숫자 복'이 있었던 셈입니다. 실제로 중국인들 중에는 우리가 1988년에 올림픽을 열어서 더 큰 발전을 이루었다고 믿는 경우들도 있습니다.

숫자는 문화이고 상징입니다. 그렇기 때문에 숫자에 담긴 의미를 기억하려 해야 하는 것입니다. 그래야 오해를 피할 수도 있습니다. 중국 심양과 연길에 특강을 갔을 때의 일입니다. 여느 때처럼 골동품 시장에 들러 몇 가지를 사려고 흥정을 하는데, 파는 이의 얼굴이 그다지 좋아 보이지 않고 끝내 흥정은 이루어지지 않았습니다. 이상해서 통역하는 이에게 물어보니 내가 흥정 가격으로 부른 250이라는 숫자는 '멍청이'라는 뜻으로 중국인들이 싫어하는 수라는 것이었습니다. 그것도 모르고 나는 계속 250으로 깎아달라고 우겼으니 기분이 나쁠 만도 할 일입니다.

숫자는 그냥 숫자가 아닙니다. 숫자에도 우리의 삶이 담겨 있고, 그들의 삶이 묻어 있습니다.

반디

빛의 벌레

'반딧불'이 맞는지, '반딧불이'가 맞는지 벌레 이름을 두고 말들이 많습니다. 반디는 반딧불이라고도 하는 벌레의 옛 이름입니다. 불빛이 나는 벌레로 맑은 자연을 상징하는 벌레로 알려져 있습니다. 그러나 그 이름을 보면 굳이 '불'이라는 어휘를 붙여 놓아야 하나 하는 생각이 듭니다.

반디는 '반 + 디'의 구조로 '반'은 빛의 의미를 가지고 있습니다. '반'이 빛과 관련되었다는 증거는 번개에서 찾아볼 수 있습니다. '안개, 번개, 는개, 무지개' 등 '개' 형제들 중에서 번개의 특징은 '빛'에 있습니다. 우뢰의 경우 한자어 우뢰雨雷로 알고 있는 이도 있는데, 우레라는 순 우리말을 오인해서 생긴 말입니다.

'번쩍이다, 번뜩이다'에서 '번'의 흔적을 찾을 수

있습니다. 그런데 '번쩍'의 작은 말 '반짝'에는 반이 나타나서 '번'과 '반'의 관련성을 찾을 수 있습니다. 반디의 '반'도 빛으로 볼 가능성이 있는 것입니다. 그리고 '디'는 벌레의 의미를 가지고 있습니다. '빈대'나 '진디(진드기)'에서 그 모습을 찾을 수 있습니다. '진디'는 나무나 풀의 끈끈한 '진'과 관련이 있는 벌레인 것입니다. 반디는 그 말로만도 '빛의 벌레'가 됩니다. 괜히 '불이'가 붙어 있는 것입니다.

내 주변의 모든 단어들을 살펴보면 궁금한 게 많습니다. 저는 단어가 참 재미있습니다. 우리 민족의 단어 만들기를 따라가 보는 일이 참 흥미롭습니다.

점심 點心
마음에 점을 찍는 일

점심이라는 단어는 '마음에 점을 찍는다'는 뜻으로 간단한 식사를 의미합니다. 그래서 원래 지금처럼 낮에 먹는 음식을 의미하는 것은 아니었습니다. 점심을 간단히 먹을 수 있으려면, 아침이나 저녁을 많이 먹었을 때만 가능할 것입니다. 그런데 우리말에서 점심이 낮 식사를 의미하게 된 것은 흥미롭습니다. 사실 예전에 보면 점심뿐만 아니라 새참도 많이 먹었고, 밤참도 먹어야 했습니다. 일하는 사이사이에 새참이라도 먹어야 힘을 쓸 수 있었을 겁니다. '밥심'으로 일을 하는 것이었을 테니까요.

예전에 양반들은 아침, 저녁 두 끼만 먹곤 하였는데, 그러고 보면 점심은 양반의 식사이지 농민의 식사는 아니라는 생각이 듭니다.

마음에 점을 찍는 점심은 어떤 느낌의 식사일까 궁금했었는데, 중국 식당의 차림표를 보고 그 느낌을 찾을 수 있었습니다. 중국 음식 중 '딤섬(Dim Sum)'이라는 것이 있는데, 이것은 작은 만두 같은 것으로 웬만큼 먹어서는 배가 부르지 않습니다. 이 딤섬의 한자 표기가 바로 '點心'이었던 것입니다. 점심은 이 딤섬을 몇 개 정도 먹는 느낌인 것입니다.

　　세상이 바뀌어서 이제는 점심을 많이 먹고, 저녁을 적게 먹는 것이 건강에 좋다는 이야기를 하곤 합니다. 이제는 저녁에 '점심'을 먹어야 하는 세상으로 바뀌고 있는 것입니다. 점심이라는 단어를 보면서 마음에 점을 찍듯이 가볍게 먹는 것에 대해서도 생각해 봅니다. 음식에 대한 욕심에 대해서도 가만히 생각해 봅니다.

보슬비와 부슬비

감정에 따라 달라진 표현

우리말에는 비를 나타낸 말이 많습니다. 그 중에서도 조금씩 내리는 비에 대한 표현은 '가랑비, 이슬비, 보슬비, 부슬비, 는개, 안개비' 등으로 다양하게 있습니다. 각각의 차이를 구별하기란 참 어렵습니다. 그 중에서 비슷해 보이는 두 표현 '보슬비'와 '부슬비'는 어떻게 다른가요?

보슬비는 보슬보슬 내리고 부슬비는 부슬부슬 내린다고 하는 대답이 흰소리 같으면서도 정답이라는 생각이 듭니다. '보슬보슬'과 '부슬부슬'은 그저 모음 하나만 달라져 있습니다. 모음의 차이에 의해 의미가 달라져 있는 것입니다. 우리말에는 모음이 감정의 차이까지 갈라냅니다.

비에도 우리는 감정을 넣어 표현을 달리합니다.

아마 보슬비나 부슬비나 내리는 모양과 굵기는 비슷할 겁니다. 기쁜 아침에 살며시 내리는 비는 보슬비일 겁니다. 우울한 아침에 내리는 비는 부슬비일 겁니다. 우리의 감정에 따라 표현이 달라지는 것입니다.

    그래서 보슬비 내리는 이른 아침에는 '가벼운 걸음걸이'가 어울리고, 부슬비에는 어스름한 거리에 축 늘어진 어깨가 어울립니다. 우리말은 감정이 살아있는 어휘를 갖고 있습니다.

오류 誤謬
잘못된 것이 아니라 잘 되어 가는 것

한국어를 아주 잘하는 외국인 학생이 수업시간에 발표를 했습니다. 아주 유창한 발음과 어휘 표현으로 발표를 끝낸 그 학생은 '이상합니다.'라는 말로 발표를 마쳤습니다. 모두 다 놀란 표정으로 그 학생을 쳐다보았고, 그 학생은 어리둥절할 뿐이었습니다. '이상입니다'를 잘못 표현했던 것입니다.

한국어를 배울 때 우리는 많은 오류들을 발견하게 됩니다. 우리가 외국어를 배울 때도 많은 오류가 있죠. 하지만 오류는 잘못된 것이라는 생각을 버려야 할 것 같습니다. 오류는 잘 되어 가는 과정이라는 생각의 전환이 필요합니다. 결과 중심으로 생각할 때는 오류가 무척 잘못된 것으로 볼 수 있습니다. 왜 저런 오류가 발생했는지, 저런 오류는 어떤 과정에 있는 것인지에 대한 생각과

지도가 필요할 겁니다.

　　한 학생의 작문에서 '거지말을 했다.'는 글을 보고 웃은 적이 있습니다. 사실 거짓말은 거지나 하는 말일 수도 있겠다는 생각이 들었습니다. 오류는 종종 생각지도 못한 정답을 보여 주기도 합니다. 다른 학생의 글에서 '아이들은 사탄을 좋아한다.'는 글을 보고 놀란 적이 있는데, 사실 아이가 사탕을 좋아하는 것이 어른 눈에는 '사탄'을 좋아하는 것으로 보이겠구나 하는 장난 어린 생각도 떠올랐습니다.

　　제가 처음 한국어를 가르칠 때의 일입니다. 미얀마에서 온 학생이 크리스마스 카드를 보내왔는데, 한 동안 기분이 멍했습니다. 봉투에 '조현용 선생님 개'라고 써 있었기 때문입니다. 물론 '선생님께'를 잘못 쓴 것이겠지만 괜히 욕을 얻어먹은 듯하였던 것입니다. 하지만 곧 이 오류는 저에게 많은 깨달음을 주었습니다. 외국인은 ㄱ(예삿소리)과 ㄲ(된소리)의 구별이 어렵다는 것, 외국인은 'ㅐ'와 'ㅔ'의 구별이 어렵다는 것, 외국인에게 띄어쓰기는 무척 어렵다는 것을 한 번에 보여 주는 예였던 것입니다.

　　오류는 잘 되어 가는 과정입니다. 그래서 오류가

소중한 겁니다. 학생이 가진 것에 하나라도 보태주려는 선생의 노력이 필요할 것입니다. 그래서 평가는 '남보다'가 아니라 '전보다'가 중요한 것입니다. 제게 수수께끼를 남겨놓고 떠난 학생들의 모습을 생각해 봅니다.

찾아보기

38 | 가시버시 | 객관적 | 건강 | 고아원 | 고전 | 고추, 배추, 상추 | 고행 | 공 | 광고 | 구수하다 | 국물도 없다 | 궁금증 | 귀찮다 | 김해 | 나쁘다 | 나이를 먹다 | 누워서 떡 먹기 | 대들다 | 대통령 | 덕담 | 독선 | 동정 | 뒤지다 | 듣다 | 리더십 | 마렵다 | 마중 | 마흔 | 만물의 영장 | 말이 많다 | 모순 | 몽골 | 물 쓰듯 하다 | 미운 일곱 살 | 바보 | 반디 | 배우다 | 배웅 | 베풀다 | 보답 | 보슬비와 부슬비 | 불초 | 비유 | 삼촌 | 새끼손가락 | 새롭다 | 선진 문화 | 성과 씨 | 세금 | 소일 | 속담 | 수우미양가 | 수화 | 숟가락 | 숫자 | 스승의 날 | 스트레스 | 시원하다 | 신혼 | 싫다 | 아내 | 앙갚음 | 애완동물 | 애처롭다 | 액땜 | 약속 | 약이 든다 | 어리다, 어리석다 | 어울리다 | 예쁘다 | 오류 | 오십견 | 온돌 | 우물 안 개구리 | 의사 | 의성어 | 의원 | 의태어 | 이웃사촌 | 일삼다 | 입찬소리 | 자기소개 | 자원 | 잘 | 잡초 | 장님과 소경 | 장수 | 재능 | 점심 | 점잖다 | 졸고 | 종교 | 죄스럽다 | 지방 | 질투 | 짜증 | 차선 | 체념 | 추석 | 취미 | 칠거지악 | 칠성님 | 침을 맞다 | 태몽과 태교 | 푸대접 | 학문 | 한글 | 한낱 | 한민족 | 한심하다 | 할아버지 | 혼혈인 | 효 | 흔들리다

38 우리만 아는 선 • 186

ㄱ

가시버시 부부의 옛말, 옛 모습 • 100
객관적 손님의 눈으로 보는 것 • 90
건강 운동과 독서로 이루어 가는 것 • 26
고아원 점차 사라져야할 곳 • 144
고전 우리를 받치고 있는 자부심 • 206
고추, 배추, 상추 비슷하지만 다른 말들 • 247
고행 나를 위해 하는 가장 기쁜 일 • 32
공 자랑하지 않기가 더 어려운 일 • 140
광고 알릴 필요가 있을까 걱정해야 하는 것 • 128
구수하다 익숙해져야 알 수 있는 맛 • 202
국물도 없다 국물도 우리에게 중요한 문화 • 216
궁금증 가장 아름다운 병 • 88
귀찮다 귀하지 않게 생각하는 것 • 34
김해 쇠의 바다, 가야를 알게 하는 곳 • 224

ㄴ

나쁘다 자신을 낮아지게 하는 것 • 78

나이를 먹다 더 크게 자라야 한다는 말 • 28
누워서 떡 먹기 잘 생각해 보아야 쉬운 일 • 219

ㄷ

대들다 우리와 다른 시각으로 말하는 것 • 95
대통령 가장 고통스러워하는 사람 • 174
덕담 덕이 담긴 이야기 • 165
독선 착한 것이 아니라, 홀로 착하다고 생각하는 것 • 108
동정 다른 이의 고통을 같은 느낌으로 바라보는 일 • 168
뒤지다 떠나온 곳을 향해 떠나는 여행 • 209
듣다 듣고 싶은 것만 듣는 것 • 191

ㄹ

리더십 아랫사람들이 나를 평가하는 가치 • 110

ㅁ

마렵다 말에서 온 말 • 262
마중 사람을 만나는 일 • 102
마흔 남을 위해 살기 시작하는 나이 • 20
만물의 영장 만물에 책임을 느껴야 하는 생물 • 146

말이 많다 하지 않는 것이 낫지 않을까 두려운 것 • 249

모순 반대의 측면에서 바라보는 일 • 272

몽골 용감한 사람들 • 212

물 쓰듯 하다 아껴 쓰지 않으면 없어짐을 경계하는 말 • 179

미운 일곱 살 부모의 사랑을 갈구하는 나이 • 14

ㅂ

바보 부른 배를 더 부르게 하려는 사람 • 48

반디 빛의 벌레 • 277

배우다 무엇을 배워야 할지 먼저 알아야 하는 것 • 155

배웅 아쉬움이 있어야 하는 행위 • 54

베풀다 베를 풀어 나누어 주는 것 • 181

보답 원하시는 일을 하는 것 • 86

보슬비와 부슬비 감정에 따라 달라진 표현 • 281

불초 부모를 닮는 것, 자식을 닮게 하는 것 • 62

비유 내 느낌에 가장 솔직해야 하는 표현 • 260

ㅅ

삼촌 유일하게 촌수로 부를 수 있는 사람 • 56

새끼손가락 여러 의미가 담긴 표현 • 222

새롭다 날마다 해가 뜨는 것 • 256
선진 문화 아름답게 나아가야 하는 문화 • 161
성과 씨 가족임을 알려 주는 표시 • 253
세금 내는 것보다 쓰는 것에 관심을 두어야 하는 돈 • 106
소일 시간을 죽이는 일 • 50
속담 언어가 다르면 오해를 만드는 말 • 267
수우미양가 못난 사람은 없다는 뜻 • 198
수화 또 하나의 우리말 • 251
숟가락 한국인임을 보여 주는 것 • 229
숫자 피할 수 없는 상징 • 275
스승의 날 선생에게는 부끄러운 날 • 36
스트레스 받는 것보다는 주는 것을 생각해야 하는 것 • 39
시원하다 탁 트이게 만드는 느낌 • 204
신혼 점점 좋아지기 위한 적응기 • 64
싫다 슬퍼하며 해야 하는 말 • 46

○

아내 에너지 또는 삶의 활력소 • 43
앙갚음 갚지 말아야 할 것 • 82
애완동물 우리의 동물 친구 • 153

애처롭다 슬프기도 밉기도 한 것 • 74

액땜 액과 행운은 때로 같은 것 • 233

약속 스스로를 묶어 놓는 생각, 결심 • 196

약이 든다 사람의 간절함이 약의 효과를 나타내는 것 • 138

어리다, 어리석다 나잇값을 못하면 어리석은 것 • 70

어울리다 어울리는 친구끼리 어울리는 것이 행복 • 68

예쁘다 예쁘다면 보호해야 하는 것 • 60

오류 잘못된 것이 아니라 잘 되어 가는 것 • 283

오십견 삶의 무게가 어깨에 내려앉은 것 • 30

온돌 등 따뜻한 게 좋은 것 • 236

우물 안 개구리 나를 둘러싼 조건을 먼저 이해해야 하는 것 • 163

의사 주술을 걸 듯 정성을 기울여야 하는 사람 • 131

의성어 생각한 대로 들리는 말 • 265

의원 옳은 것을 말하는 사람 • 112

의태어 우리를 닮은 말 • 258

이웃사촌 친형제 다음으로 가까운 사람 • 58

일삼다 가치 있는 일을 노력해야 하는 것 • 170

입찬소리 내게 되돌아오는 무서운 말 • 270

ㅈ

자기소개 모든 것이 나의 장점이 되도록 노력해야 하는 것 • 157
자원 우리가 가진 것을 고마워해야 하는 것 • 150
잘 시간과 정성이 필요한 것 • 114
잡초 우리와 함께 사는 풀 • 148
장님과 소경 부르기 어려운 이름 • 18
장수 아름답게 살기 위해 오래 사는 것 • 16
재능 다른 사람을 위해서 내가 할 수 있는 능력 • 136
점심 마음에 점을 찍는 일 • 279
점잖다 나이가 들었음을 알아야 하는 것 • 80
졸고 의로움을 지키려 해도 부끄러움이 남는 글 • 142
종교 깨달음을 얻게 하는 가르침 • 188
죄스럽다 나를 부끄럽게 만드는 감정 • 193
지방 사투리를 쓰는 곳 • 125
질투 나를 버리지 못한 마음 • 52
짜증 자신을 쥐어짜는 병 • 12

ㅊ

차선 그 상황에서는 최선인 선택 • 133
체념 운명에 따르기로 마음을 먹는 것 • 24

추석 길어져야 할 우리 명절 • 211
취미 모두가 즐겁고 부담이 없어야 하는 것 • 177
칠거지악 결혼의 의미, 같이 한 삶의 의미 • 97
칠성님 우리 조상의 고향 • 226
침을 맞다 지혜의 병을 낫게 하는 방법 • 183

ㅌ

태몽과 태교 태어날 아이를 향한 부모의 바람 • 66

ㅍ

푸대접 건강을 위한 대접 • 84

ㅎ

학문 믿는 것이 아니라 묻는 것 • 117
한글 세계를 향해 태어난 글자 • 240
한낱 힘을 합치지 않으면 보잘것없는 것 • 172
한민족 더 친절해야 하는 단일 민족 • 120
한심하다 심장이 차가운 사람 • 72
할아버지 손주들의 위대한 아버지 • 92
혼혈인 낯설어 어색한 사람 • 122

효 천한 일도 직접 하는 것 • 76
흔들리다 뿌리를 생각하게 하는 말 • 22